编 委 会

主　编： 谭江琦　黎召阳
副主编： 周　琪　郑　鸿　杨　东
　　　　　崔　燃　余　行　向　雷
编　委： 余　行　张菲菲　肖　翔
　　　　　胡　敏　杨　华　谢　梦
撰　稿： 黄楚新　叶　俊　贺文文
　　　　　张菲菲　杨　志　李逢春
　　　　　丁　伟　王洪斌　蒋璟璟
　　　　　刁明康　欧阳春　李　春
　　　　　文康林　罗志强　兰　霞

四川省网信人才培养教材

智媒时代
网络传播的
理论与实践

封面传媒　四川省网络治理研究中心／编

四川大学出版社
SICHUAN UNIVERSITY PRESS

图书在版编目（CIP）数据

智媒时代网络传播的理论与实践 / 封面传媒，四川省网络治理研究中心编. — 成都：四川大学出版社，2023.11
ISBN 978-7-5690-6526-8

Ⅰ. ①智… Ⅱ. ①封… ②四… Ⅲ. ①网络传播—研究—中国 Ⅳ. ① G206.2

中国国家版本馆CIP数据核字（2023）第251898号

书　　名：	智媒时代网络传播的理论与实践
	Zhimei Shidai Wangluo Chuanbo de Lilun yu Shijian
编　　者：	封面传媒　四川省网络治理研究中心

选题策划：邱小平　罗永平
责任编辑：罗永平
责任校对：张伊伊
装帧设计：墨创文化
责任印制：王　炜

出版发行：四川大学出版社有限责任公司
　　　　　地址：成都市一环路南一段24号（610065）
　　　　　电话：（028）85408311（发行部）、85400276（总编室）
　　　　　电子邮箱：scupress@vip.163.com
　　　　　网址：https://press.scu.edu.cn
印前制作：成都墨之创文化传播有限公司
印刷装订：四川煤田地质制图印务有限责任公司

成品尺寸：170 mm×240 mm
印　　张：15.25
插　　页：2
字　　数：235千字

版　　次：2024年1月 第1版
印　　次：2024年1月 第1次印刷
定　　价：52.00元

本社图书如有印装质量问题，请联系发行部调换

版权所有 ◆ 侵权必究

上篇：网络传播理论

第一章 习近平总书记关于网络新闻传播的重要论述……… 002
- 第一节 认识：掌握网络意识形态主导权，占领网络舆论斗争主战场………………………………… 003
- 第二节 原则：坚持党性原则，坚持党管媒体……… 006
- 第三节 方向：坚持正确舆论导向，坚持正面宣传为主 ………………………………………………… 009
- 第四节 方法：答好媒体融合发展的时代课题……… 013
- 第五节 路线：走好网上群众路线，构筑网上网下"同心圆" ……………………………………………… 016

第二章 学习和践行马克思主义新闻观…………………… 020
- 第一节 学习马克思主义新闻观的时代背景………… 021
- 第二节 马克思主义新闻观的历史发展……………… 022
- 第三节 马克思主义新闻观的主要内容……………… 026
- 第四节 践行马克思主义新闻观……………………… 031

第三章 智媒时代网络传播概述…………………………… 036
- 第一节 主流媒体跑步进入智媒时代………………… 037
- 第二节 智媒时代的网络传播特性…………………… 040
- 第三节 网络新闻传播的重构与陷阱………………… 045
- 第四节 网络传播中的法律问题……………………… 051

下篇：网络传播实践

第四章　网络新闻的采编 ⋯⋯⋯⋯⋯⋯⋯⋯⋯⋯⋯⋯⋯⋯⋯⋯⋯⋯⋯ 058
　　第一节　网络新闻传播策略 ⋯⋯⋯⋯⋯⋯⋯⋯⋯⋯⋯⋯⋯⋯⋯ 059
　　第二节　网络新闻的采集 ⋯⋯⋯⋯⋯⋯⋯⋯⋯⋯⋯⋯⋯⋯⋯⋯ 065
　　第三节　网络新闻的写作 ⋯⋯⋯⋯⋯⋯⋯⋯⋯⋯⋯⋯⋯⋯⋯⋯ 069
　　第四节　网络新闻的编辑 ⋯⋯⋯⋯⋯⋯⋯⋯⋯⋯⋯⋯⋯⋯⋯⋯ 076
　　第五节　网络新闻的标题 ⋯⋯⋯⋯⋯⋯⋯⋯⋯⋯⋯⋯⋯⋯⋯⋯ 080

第五章　视频新闻的制作 ⋯⋯⋯⋯⋯⋯⋯⋯⋯⋯⋯⋯⋯⋯⋯⋯⋯⋯⋯ 087
　　第一节　新闻视频化呈现要素 ⋯⋯⋯⋯⋯⋯⋯⋯⋯⋯⋯⋯⋯⋯ 088
　　第二节　爆款视频新闻案例分析 ⋯⋯⋯⋯⋯⋯⋯⋯⋯⋯⋯⋯⋯ 091
　　第三节　视频新闻的选题和剪辑 ⋯⋯⋯⋯⋯⋯⋯⋯⋯⋯⋯⋯⋯ 097
　　第四节　创意视频的特点与制作 ⋯⋯⋯⋯⋯⋯⋯⋯⋯⋯⋯⋯⋯ 100

第六章　热点新闻的报道 ⋯⋯⋯⋯⋯⋯⋯⋯⋯⋯⋯⋯⋯⋯⋯⋯⋯⋯⋯ 103
　　第一节　热点新闻的特性与价值判断 ⋯⋯⋯⋯⋯⋯⋯⋯⋯⋯⋯ 104
　　第二节　热点新闻的采编过程 ⋯⋯⋯⋯⋯⋯⋯⋯⋯⋯⋯⋯⋯⋯ 112
　　第三节　热点新闻报道的角度和态度 ⋯⋯⋯⋯⋯⋯⋯⋯⋯⋯⋯ 116

第七章　网络媒体的运营 ⋯⋯⋯⋯⋯⋯⋯⋯⋯⋯⋯⋯⋯⋯⋯⋯⋯⋯⋯ 120
　　第一节　微信运营与用户黏性 ⋯⋯⋯⋯⋯⋯⋯⋯⋯⋯⋯⋯⋯⋯ 121
　　第二节　微博话题传播与情感认同 ⋯⋯⋯⋯⋯⋯⋯⋯⋯⋯⋯⋯ 125
　　第三节　短视频运营策略 ⋯⋯⋯⋯⋯⋯⋯⋯⋯⋯⋯⋯⋯⋯⋯⋯ 129

第四节　爆款短视频分析 ·· 135
第五节　爆款竖屏小视频剪辑攻略 ·································· 140

第八章　内容科技的应用 ·· 145
第一节　智媒时代的内容创新 ·· 146
第二节　内容科技创新案例分析 ···································· 149
第三节　内容交互 H5 产品开发 ···································· 152
第四节　AR、MR、XR 产品开发及应用 ······················ 158
第五节　未来趋势：元宇宙 ·· 162

第九章　网络评论的策略 ·· 166
第一节　网络评论运营 ·· 167
第二节　重大事件主题评论 ·· 171
第三节　网络评论的异变及风险 ···································· 176
第四节　网络评论的策略与发声技巧 ···························· 180
第五节　网络评论员的素养 ·· 182

第十章　网络舆情的应对 ·· 187
第一节　舆情监测预警 ·· 188
第二节　突发舆情应对技巧 ·· 194
第三节　舆情应对能力建设 ·· 201
第四节　新闻发言人素养及官方通报撰写 ···················· 205

第十一章　网络媒体的运行体制和管理模式 …………………… 210
　　第一节　媒体融合转型路径 ………………………… 212
　　第二节　媒体融合中的体制创新 ……………………… 215
　　第三节　媒体融合中的技术驱动 ……………………… 217
　　第四节　媒体融合中的内容转型 ……………………… 222
　　第五节　媒体融合中的人才保障 ……………………… 227

参考文献 ……………………………………………… 232

编后记 ………………………………………………… 237

上篇

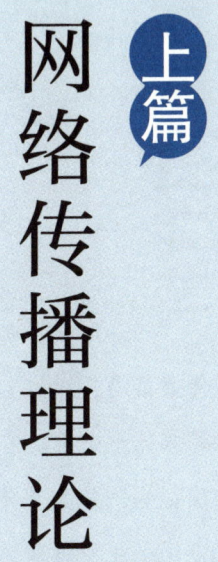

网络传播理论

WANGLUO

CHUANBO

LILUN

第一章　习近平总书记关于网络新闻传播的重要论述

当今时代，以互联网为代表的信息科技蓬勃兴起，互联网技术的创新发展使传播格局、媒体生态发生颠覆性巨变，元宇宙、健康传播、数字沟通、平台转型等媒体形态推动信息、思想、文化流通共享。面对纷繁复杂的网络空间，如何正确把握网络舆论走势、判断网络传播格局变化，不断推进理念、内容、形式、方法、手段创新，做好新形势下网络新闻传播工作，是时代赋予的重大课题。

党的十八大以来，以习近平同志为核心的党中央准确把握时代发展脉搏，顺应大势，高度重视互联网发展水平，在 2014 年 2 月 27 日召开的中央网络安全和信息化领导小组第一次会议上首次提出"努力把我国建设成为网络强国"的战略目标后，又推出"互联网+""加快建设数字中国"等一系列信息化战略部署。在此背景下，习近平总书记针对互联网环境中的新闻舆论工作，提出了一系列关于如何做好网络新闻传播工作的新论断。当前舆论斗争的主战场已经从传统媒体转移到互联网，网络新闻传播工作成为党的宣传思想工作中的重点任务，这就要求党的宣传思想工作科学认识网络传播规律，牢牢掌握网络意识形态的主导权，在网络空间坚持党性原则和党管媒体原则，坚持正确舆论导向和正面宣传为主，推进媒体融合向纵深发展，以便构筑"网上网下同心圆"，从而使互联网这个"最大变量"变成事业发展的"最大增量"。习近平总书记关于网络新闻传播的重要论述为做好新形势下网络新闻传播工作提供了行动指引和逻辑遵循，是党的宣传思想工作在新时代下的特色发展。深入贯彻习近平总书记关于网络新闻传播的重要论述的精髓，对于在新环境中应对媒体变革、在新常态和新要求下做好新闻舆论工作具有重大意义。

第一章　习近平总书记关于网络新闻传播的重要论述

第一节　认识：掌握网络意识形态主导权，占领网络舆论斗争主战场

面对互联网飞速发展带来的时代挑战，面对意识形态传播的主渠道已经向互联网转移的新局面，巩固马克思主义在意识形态领域的指导地位，巩固全党全国人民团结奋斗的共同思想基础，让党的声音成为网络空间最强音，需要清醒认知、前瞻布局和有效治理，党的意识形态工作亟待实践创新和理论创新。

一、意识形态工作的重要性

马克思说："如果从观念上来考察，那么一定的意识形态的解体足以使整个时代覆灭。"[1]意识形态的作用可见一斑。党的十八大以来，"意识形态领域形势发生全局性、根本性转变"[2]。面对新时代、新形势、新要求，习近平总书记结合马克思主义意识形态理论和我国意识形态工作现实，坚持把意识形态工作摆在全局工作的高度，明确指出"意识形态工作是党的一项极端重要的工作，是为国家立心、为民族立魂的工作"[3]，并在后续一系列具体论述中就意识形态领域的方向性、根本性、全局性问题作出重大部署，进一步明确意识形态的重要地位和重大意义。2013年8月19日全国宣传思想工作会议召开，习近平总书记指出："能否做好意识形态工作，事关党的前途命运，事关国家长治久安，事关民族凝聚力和向心力。"[4] 2014年10月5日，习近平总书记

---

[1] 中共中央马克思恩格斯列宁斯大林著作编译局编译：《马克思恩格斯文集》（第8卷），北京：人民出版社，2009年，第170页。
[2] 习近平：《高举中国特色社会主义伟大旗帜　为全面建设社会主义现代化国家而团结奋斗——在中国共产党第二十次全国代表大会上的报告》，北京：人民出版社，2020年，第10页。
[3] 习近平：《论党的宣传思想工作》，北京：中央文献出版社，2020年，第14页。
[4] 中共中央宣传部编：《习近平总书记系列重要讲话读本》，北京：学习出版社、人民出版社，2016年，第193页。

提出意识形态关乎旗帜、关乎道路、关乎国家政治安全的重要论述。新闻舆论工作是意识形态最前沿的工作，新闻舆论阵地是意识形态争锋的高地。习近平总书记在2016年2月19日召开的党的新闻舆论工作座谈会上指出："做好党的新闻舆论工作，事关旗帜和道路，事关贯彻落实党的理论和路线方针政策，事关顺利推进党和国家各项事业，事关全党全国各族人民凝聚力和向心力，事关党和国家前途命运。"[1] 2017年10月18日，习近平总书记在中国共产党第十九次全国代表大会上强调："牢牢掌握意识形态工作领导权。意识形态决定文化前进方向和发展道路。"[2] 2022年10月16日，习近平总书记在中国共产党第二十次全国代表大会上再次强调意识形态工作的重要性，指出："牢牢掌握党对意识形态工作领导权，全面落实意识形态工作责任制，巩固壮大奋进新时代的主流思想舆论。"[3] 习近平总书记关于意识形态工作的重要论述是习近平新时代中国特色社会主义思想的重要组成部分，是马克思主义新闻观中国化时代化的新发展，为做好新形势下党的意识形态工作提供了理论指导。

二、网络舆论工作是宣传思想工作的重中之重

建设网络强国是筑牢国家安全，助力中国走向社会主义现代化强国的推动力。党的十八大以来，以习近平同志为核心的党中央立足互联网时代的网络强国战略，高度重视互联网发展，积极推进"互联网+"行动计划，夯实信息基础设施建设、开拓网络经济发展空间，促进我国互联网产业整体向上向好发展。当前我国已成为网络大国，互联网和信息化工作取得了显著发展成就，网络走入千家万户，网民数量居世界第一。我国互联网在飞速发展的同时也暴露

---

[1] 《习近平谈治国理政》（第二卷），北京：外文出版社，2017年，第331–332页。
[2] 习近平：《论党的宣传思想工作》，北京：中央文献出版社，2020年，第11页。
[3] 习近平：《高举中国特色社会主义伟大旗帜　为全面建设社会主义现代化国家而团结奋斗——在中国共产党第二十次全国代表大会上的报告》，北京：人民出版社，2020年，第43页。

第一章　习近平总书记关于网络新闻传播的重要论述

出一些弊端。互联网的低门槛和相对隐匿性给各种各样的"意见领袖"提供了舆论操作的机会，网络空间群声鼎沸，极端情绪和群体极化现象易迅速蔓延，"错误思潮不时出现，网络舆论乱象丛生，严重影响人们思想和社会舆论环境"[①]，意识形态斗争面临前所未有的复杂形势。

互联网伴生的舆论传播新特性和意识形态斗争的新挑战使"网络意识形态安全风险问题值得高度关注。网络已是当前意识形态斗争的最前沿"[②]，"互联网已经成为舆论斗争的主战场"[③]。习近平总书记在2013年8月19日召开的全国宣传思想工作会议上指出："根据形势发展需要，我看要把网上舆论工作作为宣传思想工作的重中之重来抓。宣传思想工作是做人的工作的，人在哪儿重点就应该在哪儿。"[④] 网上舆论工作因网络舆论场的兴起而生，网络既已成为最嘈杂、最人声鼎沸的舆论场，对其起引导作用的网络舆论工作也成为"重中之重"，体现了网络舆论工作在当下宣传思想工作中的突出地位和重要性。一方面，从国家全局视角来看，网络舆论工作关乎国家主权和政权安危。习近平总书记在多次重要讲话中反复强调，"在互联网这个战场上，我们能否顶得住、打得赢，直接关系我国意识形态安全和政权安全"[⑤]，"掌控网络意识形态主导权，就是守护国家的主权和政权"[⑥]，"没有网络安全就没有国家安全；过不了互联网这一关，就过不了长期执政这一关"[⑦]。网络舆论工作直

[①] 习近平：《高举中国特色社会主义伟大旗帜　为全面建设社会主义现代化国家而团结奋斗——在中国共产党第二十次全国代表大会上的报告》，北京：人民出版社，2020年，第5页。
[②] 习近平：《论党的宣传思想工作》，北京：中央文献出版社，2020年，第31页。
[③] 中共中央文献研究室编：《习近平关于社会主义文化建设论述摘编》，北京：中央文献出版社，2017年，第28页。
[④] 中共中央文献研究室编：《习近平关于社会主义文化建设论述摘编》，北京：中央文献出版社，2017年，第29页。
[⑤] 《提升网络意识形态领域风险防范化解能力》，中国共产党新闻网，2019年4月4日。
[⑥] 习近平：《论党的宣传思想工作》，北京：中央文献出版社，2020年，第31页。
[⑦] 《习近平：加快推动媒体融合发展　构建全媒体传播格局》，中国共产党新闻网，2019年3月15日。

接关系我国意识形态领域安全，网络安全是国家安全的重要组成部分，这充分体现了党对新形势下网络领域宣传思想工作的深刻剖析以及对时代发展大势的准确判断。另一方面，习近平总书记指出"互联网是当前宣传思想工作的主阵地。这个阵地我们不去占领，人家就会去占领；这部分人我们不去团结，人家就会去拉拢"[①]，互联网已成为意识形态争锋的最前沿，做好网络舆论工作，需要牢牢树立网络阵地意识。

第二节 原则：坚持党性原则，坚持党管媒体

近年来，互联网技术发展高歌猛进，改变了原有的社会舆论生成路径，颠覆了以往主流媒体主导的新闻舆论传播格局。社会公众拥有低门槛的发声渠道，但也面临着"信息茧房""群体极化"等风险，多元思潮此起彼伏，意识形态领域的斗争更加复杂、隐匿。同时，商业互联网平台迅速崛起，冲击了传统主流媒体的舆论主导地位。可以说，"管好用好互联网，是新形势下掌控新闻舆论阵地的关键，重点要解决好谁来管、怎么管的问题"[②]。为维护意识形态安全，牢牢占领网络新闻舆论阵地，确保党和国家各项事业始终沿着正确方向前进，以习近平同志为核心的党中央反复强调："牢牢坚持党性原则。党性原则是党的新闻舆论工作的根本原则。党管宣传、党管意识形态、党管媒体是

---

① 中共中央文献研究室编：《习近平关于社会主义政治建设论述摘编》，北京：中央文献出版社，2017年，第135页。
② 中共中央文献研究室编：《习近平关于社会主义文化建设论述摘编》，北京：中央文献出版社，2017年，第42页。

坚持党的领导的重要方面。"①

　　新闻舆论工作必须坚持党性原则，这是马克思主义新闻观最基本、最重要的观点，也是中国共产党经过不同历史阶段的新闻实践锤炼出来的重要法宝，是马克思主义新闻观中国化的切实遵循。党性原则是立场问题，在新闻舆论工作中坚持党性原则就是要坚持正确的政治方向和政治立场。牢牢坚持党性原则，是习近平总书记在党的新闻舆论工作座谈会上深刻阐明的重要观点，也是他自党的十八大以来"明确地讲、经常地讲、反复地讲""大张旗鼓、理直气壮、坚持不懈地讲"②的重要问题。习近平总书记指出党的新闻舆论工作"必须自觉在思想上政治上行动上同党中央保持高度一致"③，"党的新闻舆论媒体的所有工作，都要体现党的意志、反映党的主张，维护党中央权威、维护党的团结，做到爱党、护党、为党"④。党性原则是我国新闻传播制度的集中体现，是中国特色社会主义新闻事业不可动摇的根本准则。互联网技术蓬勃兴起之后，网络平台成为信息传播的主要渠道，舆论格局发生颠覆性改变。但无论传播技术如何革新，党性原则都是新闻舆论工作坚定不移的基本原则。

　　新闻舆论工作最根本的是坚持党的领导。"党和政府主办的媒体是党和政府的宣传阵地，必须姓党，必须抓在党的手里，必须成为党和人民的喉舌。"⑤随着互联网时代舆论格局的巨变，党对新闻舆论工作的领导不仅仅包括党直接掌握的党报、党刊、党台，而且是要把各级各类媒体都置于党的领导之下。习近平总书记在2016年2月19日党的新闻舆论工作座谈会上创造性地提出要

---

① 《习近平关于全面建成小康社会论述摘编》，北京：中央文献出版社，2016年，第124页。
② 中共中央文献研究室编：《习近平关于社会主义文化建设论述摘编》，北京：中央文献出版社，2017年，第25页。
③ 中共中央文献研究室编：《习近平关于社会主义文化建设论述摘编》，北京：中央文献出版社，2017年，第41页。
④ 习近平：《论党的宣传思想工作》，北京：中央文献出版社，2020年，第182页。
⑤ 习近平：《论党的宣传思想工作》，北京：中央文献出版社，2020年，第182页。

把党管媒体的原则贯彻到新媒体领域,"所有从事新闻信息服务、具有媒体属性和舆论动员功能的传播平台都要纳入管理范围,所有新闻信息服务和相关业务从业人员都要实行准入管理"[①],"无论时代如何发展、媒体格局如何变化,党管媒体的原则和制度不能变"[②],这是互联网时代党管媒体原则的丰富和发展。在明确了网络新闻传播领域必须牢牢坚持党管媒体的原则之后,习近平总书记在中共中央政治局第十二次集体学习的讲话中进一步提出,对新媒体"正能量是总要求,管得住是硬道理,用得好是真本事"[③]。如果管不住网络新闻传播领域,党管媒体的原则就会被架空。新媒体时代网络空间中党的执政能力检验标准是能否真正落实党管媒体、党管互联网。对于如何管住、用好新媒体,习近平总书记强调:"对新媒体,我们不能停留在管控上,必须参与进去、深入进去、运用起来。"[④]这要求坚持党对网络新闻舆论工作的全面领导是前提,加快打造具有强大传播力、引领力、影响力的新型主流媒体是着力点,强化内容生产供给侧结构性改革是支撑点,在网络空间中切实贯彻党管媒体原则,提升党管媒体的现代化水平。

[①] 习近平:《论党的宣传思想工作》,北京:中央文献出版社,2020 年,第 183-184 页。
[②] 习近平:《论党的宣传思想工作》,北京:中央文献出版社,2020 年,第 191 页。
[③] 习近平:《论党的宣传思想工作》,北京:中央文献出版社,2020 年,第 356 页。
[④] 中共中央文献研究室编:《习近平关于社会主义文化建设论述摘编》,北京:中央文献出版社,2017 年,第 41 页。

第三节　方向：坚持正确舆论导向，坚持正面宣传为主

新媒体时代网络舆论生态和传播格局正在发生深刻变革，网络空间中分众化、差异化传播趋势日益明显，这就要求党领导下的新闻舆论工作在网络新闻传播领域牢牢坚持正确舆论导向和正面宣传为主的舆论引导机制。

一、牢牢坚持正确舆论导向

舆论是影响社会变革和发展的重要因素之一。正确舆论导向是新闻舆论工作的核心和灵魂，是"最重要、最根本的导向"[①]。习近平总书记在2016年2月19日党的新闻舆论工作座谈会上深刻剖析坚持正确舆论导向的重要意义，他强调"新闻舆论工作各个方面、各个环节都要坚持正确舆论导向。各级党报党刊、电台电视台要讲导向，都市类报刊、新媒体也要讲导向；新闻报道要讲导向，副刊、专题节目、广告宣传也要讲导向；时政新闻要讲导向，娱乐类、社会类新闻也要讲导向……"[②]，因为"舆论导向正确是党和人民之福，舆论导向错误是党和人民之祸。好的舆论可以成为发展的'推进器'、民意的'晴雨表'、社会的'黏合剂'、道德的'风向标'，不好的舆论可以成为民众的'迷魂汤'、社会的'分离器'、杀人的'软刀子'、动乱的'催化剂'"[③]，"舆论导向正确，就能凝聚人心、汇聚力量，推动事业发展；舆论导向错误，

---

① 习近平：《论党的宣传思想工作》，北京：中央文献出版社，2020年，第185页。
② 《习近平总书记"2·19"重要讲话指明新时代新闻舆论工作发展方向》，中国社会科学网，2021年3月9日。
③ 中共中央文献研究室编：《习近平关于社会主义文化建设论述摘编》，北京：中央文献出版社，2017年，第38页。

就会动摇人心、瓦解斗志,危害党和人民事业"①。

在网络新闻传播领域做好正确舆论导向,一方面,适应了新媒体领域伴生深刻变革而产生的新问题、新需求。互联网时代,网络已成为舆论斗争的主战场,意识形态斗争日益严峻。网络社会中众声喧哗、热点频发,思潮相互激荡,情绪交织感染。在此形势下新闻舆论工作坚持正确导向,坚持围绕中心、服务大局,在复杂网络舆论场中发声及时、反馈有力,疏导群体情绪,积极开展舆论斗争,才能不断提高新型主流媒体的传播力、引导力、影响力、公信力,才能高效、正确地引导社会舆论,最终牢牢掌握意识形态工作的主动权和主导权。另一方面,巩固壮大主流思想舆论必然要求做好正确舆论导向。习近平总书记在2013年8月19日全国宣传思想工作会议中指出:"我们正在进行具有许多新的历史特点的伟大斗争,面临的挑战和困难前所未有,必须坚持巩固壮大主流思想舆论,弘扬主旋律,传播正能量,激发全社会团结奋进的强大力量。"②当前社会价值取向多元,意识形态活跃,网络舆论场复杂,迫切要求壮大主流思想舆论。只有牢牢坚持正确舆论导向,才能聚民心,才能"把全党全国人民士气鼓舞起来、精神振奋起来,朝着党中央确定的宏伟目标团结一心向前进"③,同时让"党的声音传得更开、传得更广、传得更深入"④。

二、牢牢坚持正面宣传为主

坚持正面宣传为主是党的新闻舆论工作必须遵循的重要方针。在互联网舆论格局发生颠覆性改变的背景下,恰逢信息化发展的历史机遇,加强网上正面宣传是党的新闻舆论工作的重点和支点。2016年10月27日习近平总书记在中

---

① 中共中央文献研究室编:《习近平关于社会主义文化建设论述摘编》,北京:中央文献出版社,2017年,第43-44页。
② 习近平:《论党的宣传思想工作》,北京:中央文献出版社,2020年,第25页。
③ 《更好强信心暖人心聚民心》,人民网,2020年2月20日。
④ 习近平:《论党的宣传思想工作》,北京:中央文献出版社,2020年,第356页。

第一章　习近平总书记关于网络新闻传播的重要论述

共十八届六中全会第二次全体会议上的讲话中强调:"要高度重视网上舆论斗争,加强网上正面宣传,消除生成网上舆论风暴的各种隐患。"①网络空间是亿万民众共同的精神家园。自党的十八大以来,以习近平同志为核心的党中央高度重视网络空间治理,"网络空间天朗气清、生态良好,符合人民利益。网络空间乌烟瘴气、生态恶化,不符合人民利益"②。网络空间治理以加强网络内容建设为主,通过培育健康向上、积极向善的网络文化,致力于营造风清气正的网络空间。

第一,坚持正面宣传为主是党的新闻舆论工作的优良传统。"我国社会积极正面的事物是主流,消极负面的东西是支流……集中反映社会健康向上的本质,客观展示发展进步的全貌,使之同我国改革发展蓬勃向上态势相协调。"③网络新闻传播工作只有以"团结稳定鼓劲、正面宣传为主"为方针,传播内容紧紧围绕中华民族伟大复兴奋斗历史、中国特色社会主义新时代的伟大进程、党和国家工作大局和重要部署、人民群众的幸福生活和殷切期盼等,才能起到正面宣传凝聚社会共识、增进社会团结的舆论引导作用,才能为中国梦的实现提供强大的网上舆论支持。

第二,正视舆论监督的地位,正确发挥舆论监督的作用。习近平总书记在2016年2月19日党的新闻舆论工作座谈会上指出:"舆论监督和正面宣传是统一的,而不是对立的。新闻媒体要直面我们工作中存在的问题,直面社会丑恶现象和阴暗面,激浊扬清,针砭时弊。对人民群众关心的问题、意见大反映多的问题,要积极关注报道,及时解疑释惑,引导心理预期,推动改进工作。"④互联网空间中多元意识形态相互碰撞,社会思潮交叉激荡,存在一些

---

① 习近平:《论党的宣传思想工作》,北京:中央文献出版社,2020年,第24页。
② 中共中央文献研究室编:《习近平关于社会主义文化建设论述摘编》,北京:中央文献出版社,2017年,第50页。
③ 习近平:《论党的宣传思想工作》,北京:中央文献出版社,2020年,第186-187页。
④ 习近平:《论党的宣传思想工作》,北京:中央文献出版社,2020年,第188页。

思想认识问题，甚至重大政治原则和大是大非问题。新型主流媒体在网络新闻传播中要及时发声，加强正面引导，必要的时候敢于交锋、敢于亮剑。[①]人民群众则通过舆论监督辨清是非、明晰认知，维护切身利益。舆论监督和正面宣传的高度统一和协调一致共同发挥正确舆论引导的作用，激励党和政府提高工作效率和执政水平，促进社会大局稳定，凝聚社会共识。

第三，提高正面宣传报道的质量和水平。做好网上正面宣传是一项长期且艰巨的任务，需要党领导的网络新闻舆论工作"创新改进网上宣传，运用网络传播规律，弘扬主旋律，激发正能量，大力培育和践行社会主义核心价值观，把握好网上舆论引导的时、度、效，使网络空间清朗起来"[②]。网上正面宣传需要高度重视传播手段建设和创新，需要优化正面宣传的理念、内容、形式、方法、手段，在理念上既谈成绩也说问题，在内容上上接"天气"下接"地气"，增强吸引力和感染力；在形式上采用融媒体等复合传播方式，丰富报道形式，使网络空间中的公众爱听爱看、产生共鸣，充分发挥正面宣传聚民心的作用，巩固全党全国人民团结奋斗的共同思想基础。

[①] 中共中央文献研究室编：《习近平关于社会主义文化建设论述摘编》，北京：中央文献出版社，2017年，第27页。
[②] 中共中央文献研究室编：《习近平关于社会主义文化建设论述摘编》，北京：中央文献出版社，2017年，第35页。

第四节　方法：答好媒体融合发展的时代课题

伴随互联网平台的蓬勃兴起和社交媒体的普及，新闻舆论工作的环境和对象发生显著变化。截至 2022 年 12 月，我国网民规模达 10.67 亿，互联网普及率达 75.6%，其中手机网民占比 99.8%。① 各类社交媒体成为青年群体的第一信息源。对于新闻舆论工作来说，"读者在哪里，受众在哪里，宣传报道的触角就要伸向哪里，宣传思想工作的着力点和落脚点就要放在哪里"②。用户量巨大的网络新闻传播空间成为新闻舆论工作需要尽快占领的舆论战场，那么如何在媒体环境如此巨变中乘势而变，从广大用户需求和体验出发，充分结合新老媒体的优势实现共融共赢是时代赋予的新课题和新挑战。2019 年 1 月 25 日，习近平总书记在中共中央政治局第十二次集体学习时强调，"推动媒体融合发展、建设全媒体成为我们面临的一项紧迫课题"③，并明确指出"要抓紧做好顶层设计，打造新型传播平台，建成新型主流媒体，扩大主流价值影响力版图"④。

一是深刻认识全媒体时代的挑战和机遇。步入全媒体时代，新闻舆论工作需要全面创新。2013 年 8 月 19 日，习近平总书记在全国宣传思想工作会议上提出："积极探索有利于破解工作难题的新举措、新办法，特别是要适应社会信息化持续推进的新情况。"⑤ "加快传统媒体和新兴媒体融合发展，充

---

① CNNIC 发布第 51 次《中国互联网络发展状况统计报告》，中国互联网络信息中心网，2023 年 3 月 2 日。
② 《习近平在记者节对新闻工作者说的 10 金句》，学习强国网，2019 年 11 月 8 日。
③ 习近平：《论党的宣传思想工作》，北京：中央文献出版社，2020 年，第 353 页。
④ 习近平：《论党的宣传思想工作》，北京：中央文献出版社，2020 年，第 356 页。
⑤ 习近平：《论党的宣传思想工作》，北京：中央文献出版社，2020 年，第 16—17 页。

运用新技术、新应用创新媒体传播方式，占领信息传播制高点。"[①]随着新媒体和互联网技术的快速发展，隐匿复杂、冲突难控的网上舆论场影响力与日俱增，海量社会热点在网上迅速生成、发酵、扩散，多元思潮涌动。网上舆论场已经成为舆论斗争的主战场，传统媒体受限于网络空间中传播渠道不畅、信息触达率较低等因素，导致其舆论引导能力面临严峻挑战。同时，新兴媒体也为传统媒体提供新机遇。借助"理念、内容、形式、方法、手段等创新"[②]，传统媒体进行信息生产领域的供给侧结构性改革，"四全媒体"不断发展，有效搭建起全媒体时代与网络公众沟通的新渠道，"使正面宣传质量和水平有一个明显提高"[③]。

二是移动优先，强化互联网思维和一体化发展理念。首先，随着5G、大数据、云计算、物联网、人工智能等技术不断发展，移动互联网已经成为信息传播的主渠道。习近平总书记在中共中央政治局第十二次集体学习中表示："要坚持移动优先策略，让主流媒体借助移动传播，牢牢占据舆论引导、思想引领、文化传承、服务人民的传播制高点。"[④]其次，2015年12月25日，习近平总书记在视察解放军报社时强调："要研究把握现代新闻传播规律和新兴媒体发展规律，强化互联网思维和一体化发展理念。"[⑤]新的舆论环境颠覆了传统新闻生产传播方式，网络传播"去中心化"特征明显，新环境下的新闻舆论工作需要积极适应传媒生态改变和信息传播方式的新要求，突破传统传播理念，强化技术思维、互动思维和用户思维。最后，2019年1月25日，习近平总书记在主持中共中央政治局第十二次集体学习时强调："推动媒体融合发

[①] 中共中央文献研究室编：《习近平关于全面深化改革论述摘编》，北京：中央文献出版社，2014年，第84-85页。
[②] 习近平：《论党的宣传思想工作》，北京：中央文献出版社，2020年，第356页。
[③] 习近平：《论党的宣传思想工作》，北京：中央文献出版社，2020年，第356页。
[④] 习近平：《论党的宣传思想工作》，北京：中央文献出版社，2020年，第355页。
[⑤] 《强化互联网思维，遵循一体化发展理念》，新华网，2015年12月29日。

展，要统筹处理好传统媒体和新兴媒体、中央媒体和地方媒体、主流媒体和商业平台、大众化媒体和专业性媒体的关系，形成资源集约、结构合理、差异发展、协同高效的全媒体传播体系。"①

三是守正创新，构建全媒体传播格局。当今世界正面临百年未有之大变局，为高效、全面占领网络舆论阵地，新闻舆论工作需要走一条以先进技术为支撑、内容建设为根本，推动传统媒体和新兴媒体深度融合的创新发展之路。首先，2014年8月18日，习近平总书记在中央全面深化改革领导小组会议上强调："着力打造一批形态多样、手段先进、具有竞争力的新型主流媒体，建成几家拥有强大实力和传播力、公信力、影响力的新型媒体集团，形成立体多样、融合发展的现代传播体系。"②新型主流媒体需要牢牢掌握网络舆论场的主动权和主导权，进行正确舆论引导的同时在信息生产方面积极进行供给侧结构性改革，通过理念、内容、形式、方法、手段等创新丰富传播模式，构建立体化技术体系，打造全媒体业务格局，更好地发挥价值引导和社会整合功能。其次，媒体融合进程中，习近平总书记关注基层工作创新。2018年8月21日，习近平总书记在全国宣传思想工作会议上强调："要加强传播手段和话语方式创新，让党的创新理论'飞入寻常百姓家'。要扎实抓好县级融媒体中心建设，更好引导群众、服务群众。"③新时代背景下，只有不断进行传播手段和话语方式的创新，才能适应现代化的传播环境，才能在传播内容和话语体系上贴近基层群众，扎实做好抓基层、打基础的工作，有效构建新型传播格局。最后，新媒体移动化、社交化等新趋势促使媒体融合战略向深层次融合发展显著推进。习近平总书记在2016年2月19日党的新闻舆论工作座谈会上指出，"融合发展关键在融为一体、合而为一"，"尽快从相'加'阶段迈向相'融'

---

① 习近平：《论党的宣传思想工作》，北京：中央文献出版社，2020年，第355页。
② 邓绍根：《共同写好媒体融合发展这篇大文章》，光明网，2019年3月21日。
③ 习近平：《论党的宣传思想工作》，北京：中央文献出版社，2020年，第340页。

阶段，从'你是你、我是我'变成'你中有我、我中有你'，进而变成'你就是我、我就是你'，着力打造一批新型主流媒体"。① 这要求我们进一步运用信息革命成果，在实践中坚持融合、发展、管理并进，营造良好的网络舆论环境，加快构建全媒体传播体系，塑造主流舆论新格局。

第五节 路线：走好网上群众路线，构筑网上网下"同心圆"

2016年4月19日，习近平总书记在网络安全和信息化工作座谈会上发表重要讲话，在谈到"建设网络良好生态，发挥网络引导舆论、反映民意的作用"问题时指出："凝聚共识工作不容易做，大家要共同努力。为了实现我们的目标，网上网下要形成同心圆。什么是同心圆？就是在党的领导下，动员全国各族人民，调动各方面积极性，共同为实现中华民族伟大复兴的中国梦而奋斗。"② 这是习近平总书记首次提出"网上网下同心圆"的重要论断。互联网成为舆论斗争的主战场后，网络新闻传播工作作为党的新闻舆论工作的新领域，不适宜在网上孤立开展工作，而是需要与线下领域形成合力、协同推进，共同服务于党的宣传思想工作的大局，但在现实实践中仍常陷入"单打独斗"的局面。"网上网下同心圆"论断的提出正式打破线上线下壁垒，网上网下联动提高新闻舆论工作效率，放大传播效果。

习近平总书记提出的"网上网下同心圆"论断包涵两层内涵。

---

① 中共中央文献研究室编：《习近平关于社会主义文化建设论述摘编》，北京：中央文献出版社，2017年，第46页。
② 《习近平：在网络安全和信息化工作座谈会上的讲话》，新华社，2016年4月25日。

第一章　习近平总书记关于网络新闻传播的重要论述

第一，构建"网上网下同心圆"的原因。当前互联网技术的发展使媒体格局和舆论生态发生颠覆性改变，我国有超十亿网民在网络上交流信息，互联网已成为意识形态工作的主阵地。2015年12月25日，习近平总书记在视察解放军报社时谈道："读者在哪里，受众在哪里，宣传报道的触角就要伸向哪里，宣传思想工作的着力点和落脚点就要放在哪里。"[1] 2016年4月19日，习近平总书记在网络安全和信息化工作座谈会上指出："实现'两个一百年'奋斗目标，需要全社会方方面面同心干，需要全国各族人民心往一处想、劲往一处使。"[2] 人民群众聚集在网上，民意也就在网上，党的宣传思想工作就要深入网络腹地，力图在最大范围内争取人心，团结、凝聚十亿网民，巩固全党全国人民团结奋斗的共同思想基础。

第二，构建"网上网下同心圆"的方法。一是坚持走好网上群众路线。"江山就是人民，人民就是江山"[3]，"群众在哪儿，我们的领导干部就要到哪儿去"[4]。网络时代要求广大领导干部学网、懂网、用网，网络空间已成为民情民意的最主要载体，各级党政机关和领导干部要学会通过网络走群众路线，"经常上网看看，潜潜水、聊聊天、发发声，了解群众所思所愿，收集好想法好建议，积极回应网民关切、解疑释惑"[5]。这是走进群众、深入群众、贴近民心、倾听民意的新途径，也是发扬人民民主、接受人民监督的新渠道。同时，领导干部在与人民群众在网络空间的互联互通中能发现社会治理的盲点、难点和优化起点。"加强和改进人民信访工作，畅通和规范群众诉求表达、利益协调、权益保障通道，完善网格化管理、精细化服务、信息化支撑的

---

[1]《习近平在记者节对新闻工作者说的10条金句》，学习强国网，2019年11月8日。
[2]《新时代党的宣传思想工作的根本遵循》，人民网，2021年1月4日。
[3] 习近平：《高举中国特色社会主义伟大旗帜　为全面建设社会主义现代化国家而团结奋斗——在中国共产党第二十次全国代表大会上的报告》，北京：人民出版社，2020年，第46页。
[4] 习近平：《论党的宣传思想工作》，北京：中央文献出版社，2020年，第195页。
[5] 习近平：《论党的宣传思想工作》，北京：中央文献出版社，2020年，第195页。

基层治理平台"①，习近平总书记在党的二十大报告中提出的完善社会治理体系的举措正是将网上群众路线作为健全共建共治共享的社会治理制度的关键抓手，利用平台数据价值促进"政府决策科学化、社会治理精准化、公共服务高效化"②，有效提升社会治理效能。二是打造网上统一战线。网络领域是意识形态斗争频繁激荡的领域，对于该领域较为新兴的新媒体从业人员和网络"意见领袖"在内的网络人士，习近平总书记在2015年5月18日的中央统战工作会议中谈到，要将其"纳入统战工作视野，建立经常性联系渠道，加强线上互动、线下沟通，引导其政治观点，增进其政治认同"③，"要在这个领域培养一支党外代表人士队伍，让他们在净化网络空间、弘扬主旋律、维护意识形态安全等方面展现正能量"④。新时代海外统战工作的重要性也日益凸显。2022年7月29日至30日，习近平总书记在中央统战工作会议上强调："要加强海外爱国力量建设，涵养壮大知华友华力量，促进中外文化文明交流互鉴。要做好网络统战工作，走好网络群众路线。"⑤通过互联网技术创新海外统战工作的方式是有效铸牢海外侨胞的中华民族共同体意识，发挥其深化中外交流合作的效用，形成共同致力民族复兴的强大力量。三是做好青少年网络安全和舆论引导工作。作为成长在数字时代的青少年群体，其人生观、世界观、价值观深受互联网影响。由于成长过程中对网络鱼龙混杂的信息甄别能力较弱，青少年群体一定程度上面临网络有害内容的渗透和侵害。对于这一群体来说，党的宣传思想工作重点应放在网上。习近平总书记指出，做好新时代青少年网络

---

① 习近平：《高举中国特色社会主义伟大旗帜　为全面建设社会主义现代化国家而团结奋斗——在中国共产党第二十次全国代表大会上的报告》，北京：人民出版社，2020年，第54页。
② 《国务院关于加强数字政府建设的指导意见》，中华人民共和国中央人民政府网，2022年6月6日。
③ 《八大亮点指引统战事业新发展》，人民政协网，2015年7月15日。
④ 《做好党外知识分子工作要讲究方式方法》，人民网，2015年6月11日。
⑤ 《习近平在中央统战工作会议上强调促进海内外中华儿女团结奋斗为中华民族伟大复兴汇聚伟力》，《人民日报》，2022年7月31日第001版。

使用工作，首先，加强优质网络内容建设是关键。要"建设好青少年聚集的网络平台，创作更多青少年喜爱的网络文化产品"①，以优质精品网络内容产品引导培育青少年树立正确价值观，"把要讲的道理、情理、事实用青少年易于接受的语言和方式呈现出来"②。其次，依法加强网络空间治理，依法加强网络社会管理，确保互联网可管可控，有效清朗网络空间，改善青少年网络生存环境，"为广大网民特别是青少年营造一个风清气正的网络空间"③。最后，要"把网上舆论引导和网下思想工作结合起来，既会'键对键'、又能'面对面'"④，团结带动更多青少年与党同心、与党向行。

习近平总书记关于网络新闻传播的系列论述内涵丰富、意蕴深远，既有对重大意义的深刻阐述，也有对工作方法的科学指导。这些重要论述不仅为新媒体环境下开展网络新闻传播工作提供了根本遵循，也为其他领域工作提供了有益指导。做好网络新闻传播工作是一项长期任务，我们要以习近平总书记关于网络新闻传播的重要论述为指引，科学施策、多措并举，运用网络传播规律，创新改进网上宣传，弘扬主旋律，激发正能量，引领壮大网上正面声音，共同为实现中华民族伟大复兴的中国梦而奋斗。

---

① 《以优质精品网络内容引导培育青少年网络文明素养》，中国青年网，2021年11月20日。
② 《抓好青少年学习教育 让红色基因代代传承》，学习强国网，2021年7月7日。
③ 《为青少年营造一个风清气正的网络空间》，中国青年网，2016年4月20日。
④ 《构建网上网下同心圆——二论贯彻习近平总书记全国网信工作会议重要讲话》，新华网，2018年4月22日。

第二章　学习和践行马克思主义新闻观

马克思主义新闻观是做好党的新闻舆论工作的灵魂。新时代，加强和改善党的新闻舆论工作必须牢牢坚持马克思主义新闻观，把握新闻舆论工作的正确方向，坚守新闻舆论工作的职业操守，推进媒体深度融合发展，不断提高新闻舆论工作的引导力、传播力、影响力、公信力。

第一节 学习马克思主义新闻观的时代背景

学习和践行马克思主义新闻观是新闻界的优良传统。当前，世界面临国际局势百年未有之大变局，我国处于推进国家治理现代化、实现中华民族伟大复兴的关键期，媒体面临着新媒体、新技术、新平台的挑战，等等。这种种现实都要求我们加强学习马克思主义新闻观。

一、百年未有之大变局下亟须加强意识形态舆论工作

当前，国际局势迎来百年未有之大变局，中国的综合国力日益提升，国际地位越来越高，同时也面临着国外的诸多不理解，个别国家试图通过各种方式遏制中国发展，这对我国文化软实力和国际传播能力提出了新的更高要求。我国虽然综合国力有所提升，但文化软实力较为薄弱，国际传播能力较为有限，处于有理说不出的处境。针对国际国内复杂的意识形态舆论斗争形势，我们亟须加强和改进新闻舆论工作，加强马克思主义新闻观教育，用马克思主义新闻观武装新闻舆论工作者。

二、国家治理现代化要求加强新闻舆论工作

党的十八大以来，以习近平同志为核心的党中央团结带领全国各族人民，紧紧围绕实现"两个一百年"奋斗目标和中华民族伟大复兴的中国梦，开辟治国理政新境界，开创党和国家事业发展新局面。党的十九届四中全会审议通过《中共中央关于坚持和完善中国特色社会主义制度 推进国家治理体系和治理能力现代化若干重大问题的决定》，就国家治理现代化作出总体性战略布局。在国家治理体系和治理能力现代化进程中，新闻舆论工作是重要组成部分。一

方面，新闻舆论工作对国家治理、社会治理、基层治理有重要推动作用，可以通过舆论、传播、服务等各项功能，提高国家治理能力；另一方面，各级政府在治理过程中存在的问题，需要新闻媒体发挥监督功能，促进问题解决，完善国家治理体系，提高治理能力。

三、媒体融合转型需要坚守马克思主义新闻观

随着新技术和新平台的快速发展，新闻业面临着用户互动化、形态多样化、市场碎片化、产品多元化、渠道复合化等新特点，给传统媒体带来了巨大的挑战与机遇。媒体融合发展成为新闻业发展的必然选择。在媒体融合转型中，要把握好融合发展的正确方向，通过融合增强主流媒体的主导权、主动权，加强主旋律、正能量传播。这就需要在媒体融合发展过程中加强马克思主义新闻观教育，遵循新兴媒体发展规律，坚定立场，坚守方向，坚持正确的舆论导向，通过媒体融合建构特色鲜明、功能互补、覆盖面广泛的舆论引导新格局。

第二节 马克思主义新闻观的历史发展

马克思主义新闻观经历了马克思、恩格斯、列宁及以毛泽东为代表的共产党人的创立、继承和发展，内容丰富，思想深邃，且与时俱进、开放包容。学习马克思主义新闻观，要对马克思主义新闻观的历史发展有完整的了解。

一、马克思、恩格斯奠定马克思主义新闻观的基础

马克思和恩格斯是马克思主义新闻观的创始人。在领导无产阶级革命运动

的过程中，马克思和恩格斯积极创办报刊或参与报刊活动，运用报刊传播共产主义的思想，组织革命斗争，指导世界无产阶级报刊活动实践。他们对新闻、舆论、宣传作出了诸多论述，形成了丰富的新闻思想，创立了无产阶级新闻理论，奠定了马克思主义新闻观的理论基础。马克思恩格斯新闻思想的创立，使无产阶级党报理论第一次作为一种独立的理论，马克思主义新闻观初步建立，并以其科学性开拓了自身发展道路。

马克思恩格斯新闻思想集中体现在马克思、恩格斯关于无产阶级党报党刊工作的一系列论述中。其主要观点可以概括为：党报党刊是党的重要思想武器和政治阵地，是党存在和发展的标志；党报党刊必须站在党的立场，代表、阐述和遵守党的纲领和策略原则，按照党的精神进行工作；党报党刊应真正代表和捍卫无产阶级和人民大众的利益，成为他们自己的报纸；党报党刊要成为开展党内批评的强大思想武器。报纸要根据事实来描写事实，不能根据希望来描写事实；报纸具有流通和中介作用，是社会的耳目和社会的捍卫者；报纸是人民日常思想和感情的表达者，是人民千呼万应的喉舌；报纸具有内在规律性，作为一个整体处在一种有机的运动过程之中，等等。这些思想至今对党的新闻舆论工作仍有重要作用。

二、列宁继承和发展马克思主义新闻观

在领导俄国无产阶级革命的过程中，列宁通过创办报刊宣传党的理论、传播革命主张、组织动员群众。列宁在继承马克思恩格斯新闻思想的基础上，积极探索创办无产阶级党报，使党报成为建党、夺取政权和社会主义建设的重要工具。在这些实践中，列宁总结和概括丰富的报刊工作实践，作出诸多重要论述和理论概括，为马克思主义新闻观注入新的内容，丰富和发展了马克思主义新闻观，是马克思主义新闻观发展史上的重要组成部分。

列宁的新闻思想可以概括为以下几点：集中阐述党报的宣传、鼓动、组

织作用，强调报纸"不仅是集体的宣传员和集体的鼓动员，而且是集体的组织者"①；提出党报的党性原则，明确指出"出版物应当成为党的出版物"，"报纸应当成为各个党组织的机关报"②；领导俄国报刊实现了社会主义条件下工作重点由政治斗争向经济建设的转移，并提出社会主义经济宣传的原则和方法；论述了依靠工人群众办报的原则与方法，并深刻揭露了资产阶级新闻自由的实质，从阶级分析入手，阐明了马克思主义新闻自由观。这些思想观点对中国共产党新闻思想产生了重要影响，是马克思主义新闻思想进入中国的重要环节，对马克思主义新闻观在中国的形成与发展起到了重要作用。

三、中国共产党人实现马克思主义新闻观中国化发展

以毛泽东为代表的中国共产党人，认真总结运用报刊指导革命战争、政权建设、社会主义经济建设及改革开放事业的历史经验，推动马克思主义新闻观中国化发展，充实和发展了马克思主义新闻观的思想内涵，创建了具有中国特色的社会主义新闻理论，成为马克思主义新闻观发展史上的一座里程碑。

在长期的革命斗争和政权建设实践中，毛泽东对党报性质、任务、功能、工作原则、工作方法等作出许多新的理论概括和阐释，形成了独特的新闻思想体系，有力地推动马克思主义新闻观开启特色鲜明的中国化进程。毛泽东新闻思想主要包括：对党报功能、作用作出明确阐释，明确指出"报纸的作用和力量，就在它能使党的纲领路线，方针政策，工作任务和工作方法，最迅速最广泛地同群众见面"③；对坚持党性原则提出明确要求，强调各级党的领导机关要把报纸看作极重要的武器，各地党报必须无条件地宣传中央的路线和政策，不允许任何同党闹独立性的现象存在；强调新闻工作要坚持党性原则，提倡

---

① 《列宁全集》第5卷，北京：人民出版社，1986年，第8页。
② 《列宁全集》第12卷，北京：人民出版社，1987年，第93页。
③ 《毛泽东选集》第4卷，北京：人民出版社，1991年，第1318页。

"要政治家办报";论述新闻要善于用事实说话,阐述新闻宣传的政治策略;注重调查研究,崇尚实事求是,提倡新闻工作者深入实际、深入群众;倡导全党办报、群众办报,坚持新闻工作的群众路线;重视文风建设,反对党八股,提倡群众喜闻乐见的中国作风和中国气派。

进入改革开放和社会主义现代化建设时期,中国共产党人进一步发展了马克思主义新闻观,使其成为新闻事业发展的重要思想指南。邓小平提出,"要使我们党的报刊成为全国安定团结的思想上的中心"[1];"党报党刊一定要无条件地宣传党的主张"[2];新闻宣传战线一定要把握大局,宣传好改革开放,为改革开放和社会主义经济建设的总方针服务;新闻工作要把社会效益放在第一位,坚持社会效益与经济效益的统一,等等。江泽民提出,把党的新闻事业视为党的生命的一部分,是党和国家的前途和命运所系的工作;社会主义新闻事业是党、政府和人民的耳目喉舌;"舆论导向正确,是党和人民之福;舆论导向错误,是党和人民之祸"[3];宣传思想工作必须"以科学的理论武装人,以正确的舆论引导人,以高尚的精神塑造人,以优秀的作品鼓舞人"[4];新闻工作要坚持为人民服务,为社会主义服务,为党和国家大局服务;新闻工作要坚持正面宣传为主的方针;新闻工作要讲究宣传艺术,注意宣传效果,等等。胡锦涛提出,新闻工作要坚持"贴近实际、贴近生活、贴近群众"的方针;新闻工作必须坚持以人为本,把体现党的主张和反映人民心声统一起来,把坚持正确导向和通达社情民意统一起来;新闻传播要统筹国内、国际两个方面;要积极建设现代国际传播体系,增强国际传播话语权和影响力;舆论引导能力建设是党的执政能力建设的重要内容;新闻媒体要从社会舆论多层次的实际出

---

[1] 《邓小平文选》第2卷,北京:人民出版社,1994年,第255页。
[2] 《邓小平文选》第3卷,北京:人民出版社,1993年,第42页。
[3] 《江泽民文选》第1卷,北京:人民出版社,2006年,第564页。
[4] 《十四大以来重要文献选编》(上),北京:人民出版社,1996年,第647-648页。

发，把握媒体分众化、对象化的新趋势；新闻工作要以党报党刊、电台电视台为主，整合都市类媒体、网络媒体等多种宣传资源，努力构建定位明确、特色鲜明、功能互补、覆盖广泛的舆论引导新格局，等等。这些新闻观点丰富了中国共产党人的新闻思想，成为马克思主义新闻观的重要组成部分。

中国特色社会主义进入新时代，党的新闻舆论工作面临着新形势。党的十八大以来，习近平总书记高度重视党的新闻舆论工作，对党的新闻舆论工作所面临的新任务、新使命作出宏观思考和战略布局，就党的新闻舆论工作的地位与作用、职责及使命、方针与原则、能力和水平、网上新闻舆论工作、国际传播能力建设、新闻舆论工作队伍建设等作出系列重要论述，提出了许多新思想、新观点，形成了丰富的新闻思想体系，是马克思主义新闻观的最新理论成果，是21世纪的马克思主义新闻观。

第三节 马克思主义新闻观的主要内容

马克思主义新闻观是一个与时俱进、包容开放的思想观念体系，其内容十分丰富。总体来说，主要包括以下内容。

一、坚持党性原则

新闻舆论工作的党性原则是党的新闻舆论工作的根本原则。坚持党性原则是做好党的新闻舆论工作的根本前提，是党的新闻舆论事业发展的根本保证。习近平总书记强调，"党的新闻舆论工作坚持党性原则，最根本的是坚持党对新闻舆论工作的领导。党和政府主办的媒体是党和政府的宣传阵地，必须姓党。党的新闻舆论媒体的所有工作，都要体现党的意志、反映党的主张，维护党中央权威、维护党的团结，做到爱党、护党、为党；都要增强看齐意识，在思想上政治上行动上同党中央保持高度一致"[①]。这一重要论述指明了新闻舆论工作党性原则的基本内容和要求。"党媒姓党"是党的媒体的根本属性，是新闻舆论工作党性原则最根本的原则。这就要求党要管党，党要领导新闻舆论工作、管理党的新闻事业、发挥党的媒体的重要作用。党媒的属性决定了党媒必须听从党的指挥，要一切行动服务于党的事业。同时，党的新闻管理也要适应形势变化，改进创新，发挥媒体的积极性、创造性。

二、坚持以人民为中心的工作导向

坚持以人民为中心的工作导向，是我们党的一切工作包括新闻舆论工作的根本原则，也是出发点和落脚点。面对国内外形势发展，党的新闻舆论工作要从党的工作全局出发，任何时候都不忘记"我是谁、为了谁、依靠谁"，坚持以人民为中心的工作导向。习近平总书记强调，坚持人民性，就是要把实现好、维护好、发展好最广大人民根本利益作为出发点和落脚点，坚持以民为本、以人为本。新闻舆论工作要始终坚持以人民为中心的工作导向，坚持新闻工作的人民性，坚持人民至上的价值理念，深入人民群众，关注、关心人民群众，向人民群众学习，积极反映人民群众心声，做好党、政府和人民之间的纽带和桥梁。

三、坚持新闻真实性原则

马克思主义认为，事实是新闻的本源，真实是新闻的生命。坚持新闻真实性原则是马克思主义新闻观的重要内容。马克思主义经典作家和中国共产党领导人都高度重视新闻真实，强调事实对新闻的重要性，明确新闻报道要根据

[①] 杜尚泽：《习近平在党的新闻舆论工作座谈会上强调：坚持正确方向创新方法手段 提高新闻舆论传播力引导力》，《人民日报》，2016年2月20日。

事实来描写事实。随着新兴媒体的发展，传播生态发生变化，各种信息鱼龙混杂，博取眼球的消息和虚假新闻越来越多，情绪化的"后真相"言论越来越多，真实性面临各种挑战。这要求新闻报道以真实为基础，以事实为依据，用事实说话。新闻工作者要恪守职业道德，强化使命感，防止作风漂浮、有偿新闻、假新闻、博眼球等现象发生。

四、坚持新闻传播规律

马克思主义新闻观要求，新闻舆论工作必须遵循新闻传播规律。习近平总书记高度重视规律，强调要尊重新闻传播规律、互联网传播规律、新兴媒体发展规律等，进一步彰显了新闻传播规律在马克思主义新闻观中的重要位置。广大新闻工作者要有规律意识，要尊重新闻传播规律，做到新闻报道的及时、准确、客观、公正；要创新方法与手段，深化新闻报道、媒体发展的规律性认识；要科学认识网络传播规律，遵循技术发展规律，创新网上宣传，走好网上群众路线，运用好网络传播规律。领导干部要提高同媒体打交道的能力，尊重新闻舆论的传播规律。

五、坚持以正面宣传为主

坚持以正面宣传为主，就是要坚持团结、稳定、鼓劲的价值取向。坚持以正面宣传为主，就是要坚持中国特色社会主义的政治方向，坚持党性和人民性统一的立场，坚持高举中国特色社会主义的伟大旗帜。媒体宣传要牢记党的宗旨和基本路线，坚持中国道路、弘扬中国精神、凝聚中国力量。在这方面，主流媒体承担着重要且神圣的使命，在事关大是大非和政治原则的问题上，应当毫不含糊地发出声音、表明立场、引导舆论，为社会主义现代化建设营造良好氛围。以正面宣传为主、凝聚力量、激励精神，对我国经济发展、社会稳定、人民幸福功莫大焉。我们要动员各种力量和资源，尽心尽责组织好正面宣传，弘扬主旋律，打好主动仗，激发全社会团结奋进的强大力量。

六、坚持正确舆论导向

坚持正确舆论导向，是新闻舆论工作的生命线。习近平总书记指出："新闻舆论工作各个方面、各个环节都要坚持正确舆论导向。"[①] 历史和现实反复证明：舆论导向正确，是党和人民之福；舆论导向错误，是党和人民之祸。新闻工作者坚持正确舆论导向，最根本的是要深入宣传党的理论和路线方针政策，深入宣传全党全国各族人民为实现"两个一百年"奋斗目标、实现中华民族伟大复兴中国梦进行的奋斗和取得的成就，弘扬主旋律，释放正能量，做引领时代的新闻工作者。

坚持正确舆论导向，首先，要提高政治站位。新闻舆论工作必须坚持正确导向，把全党全国各族人民的思想认识统一到党中央决策部署上来，把力量凝聚到为各项目标任务而奋斗上来。其次，要大力弘扬主旋律、传播正能量。要坚持团结稳定鼓劲、正面宣传为主，服务党和国家工作大局，做到所有工作都有利于坚持党的领导和社会主义制度。再次，要大力推进改革创新，提升新闻舆论工作的质量和水平。要发挥新兴媒体作用，要构建起集传统媒体和新兴媒体于一体的定位明确、特色鲜明、功能互补、覆盖广泛的舆论引导新格局，抢占信息化条件下舆论引导的制高点，营造强有力的主流舆论态势和社会氛围。最后，还要深入研究群众信息需求的新变化，深入研究各类受众群体的接受习惯，不断调整和充实传播内容，努力满足受众多层次、多样化的信息需求。

七、坚持媒体融合发展战略

随着 5G、大数据、云计算、物联网、人工智能等技术不断发展，移动互

[①] 《习近平谈治国理政》第 2 卷，北京：外文出版社，2017 年，第 332 页。

联网已经成为信息传播主渠道，媒体融合发展成为必然趋势，并已进入深度融合发展阶段。媒体融合发展是一次技术驱动的业态变革，技术迭代升级加快融合速度，主流媒体要以此抢占全媒体时代的技术高地，进而掌握舆论主动权、主导权。新闻工作者要做媒体融合的探索者、技术创新应用的实践者、全媒体报道的行家里手。对于媒体融合发展，习近平总书记在多个重要场合予以强调，作出诸多论述，强调主流媒体要建立全媒体传播体系。在新的媒介环境下，媒体融合发展已成为马克思主义新闻观的重要内容。

媒体融合发展既是国家战略，也是每一家媒体突破传统束缚的重要路径，要求从传播理念、内容、手段、形式、方法、体裁、业态、体制、机制等各个方面进行创新，做新的媒体时代的革新者、引领者。当前，媒介技术进步推动媒体形态和媒体理念发生变化，使媒体用户更广泛、传播更便捷、影响更深远。新闻媒体要善于将新技术运用在新闻采集、生产、分发、接收、反馈中，提高新闻舆论的传播力、引导力、影响力和公信力；要坚持移动优先策略和一体化发展方向，通过流程优化、平台再造，实现主流媒体资源、生产要素的有机融合，实现信息内容、技术应用、平台终端、管理手段共融互通，完成从相加到相融的质变，放大融媒体传播效能，加强全媒体传播体系建设和创新，实现新闻传播的全方位覆盖、全天候延伸、全领域拓展，打造一批具有强大影响力、竞争力的新型主流媒体。

八、讲好中国故事，提高国际传播能力

我国面临着复杂的国内外形势，亟须加强国际传播能力建设。习近平总书记在中共中央政治局第三十次集体学习时强调，讲好中国故事，传播好中国声音，展示真实、立体、全面的中国，是加强我国国际传播能力建设的重要任务。党的十九大报告指出，要推进国际传播能力建设，讲好中国故事，展现真实、立体、全面的中国，提高国家文化软实力。由此可见，国际传播能力建设

已成为新时代马克思主义新闻观的重要内容。

当前我国高度重视国际传播能力建设，大力推进国际传播创新。无论是国际传播类媒体的整合与建设，还是海外传播平台不断拓展、国际媒体交流与合作持续推进，或是国际传播的内容、技术、途径、影响等，都取得了长足进步，但总体上仍然存在竞争力不强的现实困境。我们要把国际传播作为新闻舆论工作的一项重要使命，加强顶层设计、队伍建设和政策保障，无论是中央媒体还是地方媒体，无论是传统媒体还是新兴媒体，都应有国际传播意识，加强国际传播能力建设，打造渠道创新、内容丰富、网络健全、主体多元的国际传播格局，为推动构建人类命运共同体提供有力舆论支持与环境保障。

第四节　践行马克思主义新闻观

做好党的新闻舆论工作，要践行马克思主义新闻观，把马克思主义新闻观作为新闻舆论工作的指南。践行马克思主义新闻观，要真学、真懂、真信、真用，要把握马克思主义新闻观的精神内涵，善于运用唯物主义、辩证法，解决新闻实践中面临的各种现实问题，提高新闻舆论工作能力。

一、真学、真懂、真信、真用马克思主义新闻观

马克思主义新闻观是党的新闻舆论工作的"定盘星"。学好马克思主义新闻观，要做到"四真"，即真学、真懂、真信、真用。只有真学，才能更加全面认识马克思主义新闻观；只有真懂，才能更加科学认识马克思主义新闻观；只有真信，才能辨识西方资产阶级新闻观的虚伪性；只有真用，才能更好运用马克思主义新闻观指导新闻实践。

"真学"，即系统学习马克思主义经典原著。在马克思主义新闻观发展史上，马克思、恩格斯、列宁及以毛泽东为代表的共产党人对新闻舆论宣传作出诸多论述，尤其是中国特色社会主义进入新时代，习近平总书记就新闻舆论工作作出系列重要论述。这些论述有着丰富的思想内涵，具有历史的传承和很强的现实指导性，需要沉下心来认真学习、系统学习。只有真学，才能真懂。

"真懂"，即全面理解马克思主义新闻观。马克思主义新闻观是一个与时俱进、开放包容的思想观念体系，绝不是教条主义、本本主义，不能以几条语录作为依据，而是要结合时代背景、上下文语境深刻理解。

"真信"，即正确认识马克思主义新闻观。马克思主义是世界观，也是方法论。要端正立场，坚持正确的世界观和方法论，用历史唯物主义、辩证法看待问题，防止历史虚无主义的渗透。

"真用"，即灵活运用马克思主义新闻观。面对新闻实践中的问题，要善用马克思主义新闻观思考，用马克思主义思维提出问题、分析问题和解决问题，做到理论自觉、实践自觉，在实践中不断提升马克思主义新闻观素养。

二、坚持党性与人民性统一

我们党代表最广大人民群众的根本利益，全心全意为人民服务是中国共产党的根本宗旨。从本质上说，坚持党性就是坚持人民性，坚持人民性就是坚持党性。党性寓于人民性之中，没有脱离人民性的党性，也没有脱离党性的人民性，党性和人民性从来都是一致的、统一的。新闻舆论工作要坚持党性和人民性相统一，把党的理论和路线方针政策变成人民群众的自觉行动，积极反映人民群众的经验、情况，丰富人民精神世界，增强人民精神力量，满足人民精神需求。

坚持党性和人民性相统一，首先，要牢固树立政治意识，坚持正确政治方向。要在思想上、政治上、行动上同党中央保持高度一致，承担起新闻舆论工作的职责和使命。其次,要坚持以人民为中心的新闻舆论工作导向。要在新闻舆论工作中坚持群众视角,回应社会关切,凝聚社会共识,用党的理论路线方针政策来宣传和团结群众,引领形成更强大的奋斗精神和力量。最后,要善于从新闻实践中找到党性和人民性的统一点。新闻媒体宣传党的主张要有群众视角,找到群众的兴趣点、利益的对接点,让人民群众喜闻乐见;同时,要反映人民呼声、需求、困难、问题,要有全局视野,反映政策落实过程中的偏差,促进党和政府的政策更加完善、有效。

三、坚持正面宣传与舆论监督统一

坚持团结、稳定、鼓劲,正面宣传为主,是宣传思想工作必须遵循的重要方针。舆论监督是新闻舆论发挥社会功能的重要方面。舆论监督和正面宣传是统一的,不能将两者对立起来。新闻实践中,要体现出马克思主义辩证唯物论的思想方法,科学把握正面宣传与舆论监督之间的关系。

第一,舆论监督与正面宣传本源相同。新闻事实是新闻报道的核心和基础。无论是正面宣传还是舆论监督,都要以事实为依据,坚持马克思主义的立场、观点、方法,坚持新闻的真实性原则,要根据事实描述事实,不能根据愿望来表述事实。正面宣传不能停留在喊空洞政治口号和套话上,舆论监督也不能为了批评而批评,都要立足于客观事实。

第二,舆论监督与正面宣传目的相同。坚持正确的政治立场和舆论导向,是新闻舆论工作的重要原则。无论是正面宣传还是舆论监督,都要坚持正确的方向,站在国家和人民根本利益的立场,真实、正确反映人民群众的意见和呼声,客观、公正地报道事实和发表评论。坚持正面宣传为主,不是说只能讲正面,不能讲负面,舆论监督也是为了解决问题,与正面宣传的出发点是完全一致的。舆论监督和正面宣传都应具有建设性,承担媒体的社会责任,为社会发展营造良好的舆论氛围,促进社会的发展进步。

第三，舆论监督和正面宣传效果一致。传播效果是考虑新闻报道成功与否的标准。无论是正面宣传还是舆论监督，都要注意效果和动机之间的关系，不能"好心办坏事"，更不能"存心办坏事"。新闻报道是"正面"还是"负面"，要以效果来衡量，而不是以题材为标准。正面宣传报道不好，会带来负面效果；舆论监督报道科学，批评有理、有利、有节，可以带来正面效果。对舆论监督来说，目标是化解矛盾、促进问题的解决，不是为批评而批评、为监督而监督，要做到监督中有引导，产生积极的社会效果，起到激浊扬清、匡扶正义的作用。

四、坚持新闻报道与舆论引导统一

新闻媒体的职责是报道新闻，同时在报道过程中引导舆论。新闻舆论工作者既要遵循新闻传播规律，及时、准确、客观、公正地报道新闻，也要发挥其舆论引导作用，不能人云亦云，博取眼球，误导舆论。为此，新闻舆论工作要坚持新闻报道与舆论引导的统一。

一方面，要善于透过现象看本质。新闻事实处于复杂的社会环境中，新闻报道要透过现象阐述本质，才能为人们提供有用的事实，帮助人们释疑解惑。否则，人云亦云，或含糊不清，不仅起不到"解惑释疑"的作用，反而会使媒体失去公信力。因此，新闻舆论工作者要善于把握大局，着眼大势，处理好微观真实和宏观真实、现象真实和本质真实的关系，这样才能在新闻报道中更好地报道事实，更有效地引导舆论。

另一方面，要把握好新闻报道的时度效。时度效是确保新闻报道效果的重要标尺。时，即新闻报道的时机、时效。要不要报、什么时候报要有时间概念，不超前也不滞后。度，即新闻报道尺度、力度、广度。要求新闻报道把握篇幅、数量、尺度、范围等，注重量变、质变的关系，掌握好分寸、火候。效，即新闻报道的效果、效率、效益。要求新闻报道既要遵循满足公众知情权，回应受众关切，又要善于因势利导，引导公众正确认识事物，确保取得最佳的舆论引导效果。新闻媒体要做到时度效的有机统一，真实反映社情民意，合理引导社会舆论。

第三章　智媒时代网络传播概述

党的十九大报告指出，我国经济已由高速增长阶段转向高质量发展阶段。当前，以人工智能为代表的新一轮科技革命蓬勃发展，以前所未有的速度和方式改变着经济发展和人民生活。

2018年10月31日，习近平总书记在中共中央政治局第九次集体学习时，深刻洞察人类科技发展大势，明确指出人工智能对推动我国发展所具有的重要意义和战略价值。他强调，"人工智能是新一轮科技革命和产业变革的重要驱动力量，加快发展新一代人工智能是事关我国能否抓住新一轮科技革命和产业变革机遇的战略问题。要深刻认识加快发展新一代人工智能的重大意义，加强领导，做好规划，明确任务，夯实基础，促进其同经济社会发展深度融合，推动我国新一代人工智能健康发展。"党的二十大报告提出，推动战略性新兴产业融合集群发展，构建新一代信息技术、人工智能等一批新的增长引擎。

近年来，随着人工智能技术在传媒产业当中的应用，以及大数据、5G等技术的应用，媒体产业发生了翻天覆地的变化。媒体被重新定义，开始迈向智媒时代。

第一节 主流媒体跑步进入智媒时代

互联网的发展趋势可以分为三个阶段：PC互联网时代、移动互联网时代和智能互联网时代。1996—2006年，为PC互联网时代，搜狐、网易、腾讯、新浪等知名新闻网站在这个时期得到蓬勃发展，成为当时人们了解新闻信息的主要渠道；2006—2016年，开始进入移动互联网时代，随着3G移动网络开始应用，苹果、安卓智能手机的出现，人们开始进入移动互联网阶段，微信等各类客户端相继出现；2016年以后，人工智能技术、5G进入日常生活，万物互联，AR（增强现实）、VR（虚拟现实）、XR（扩展现实）等交互感、沉浸式感较强的呈现方式在传媒产业被广泛应用，人们正式进入智媒时代。

一、主流媒体纷纷进军智媒体

智媒体是指用人工智能技术重构新闻信息生产与传播全流程的媒体。2016年，在首届（中国）C+移动媒体大会上，封面新闻首次提出"智媒体"概念。

随后，智媒体的发展理念得到广泛认同，新华社、上海报业集团、南方报业传媒集团、《每日经济新闻》等媒体集团纷纷表示要进军智媒体。

从2016年开始，人工智能技术被广泛应用于封面新闻内容策、采、编、审、发、考等全流程管理中。如今，四川封面传媒有限责任公司（以下简称封面传媒）的智媒云6.0整体架构，拥有"传播生态、技术生态、产业生态"3大生态体系。对外，智媒云是封面传媒自主研发的多行业解决方案；对内，智媒云是科技赋能传媒、文化的创新引擎。在内容生产环节，封面传媒240号员工机器人"小封"的写稿领域已经逐步扩展到体育、财经、灾害、生活、娱乐、科技等10多个领域，日发稿量可达到3000篇；在其他环节，人工智能也深度融入流程中，机器人能够辅助编辑进行稿件的审核、校对、自动发布、智能分发、自动考核打分。

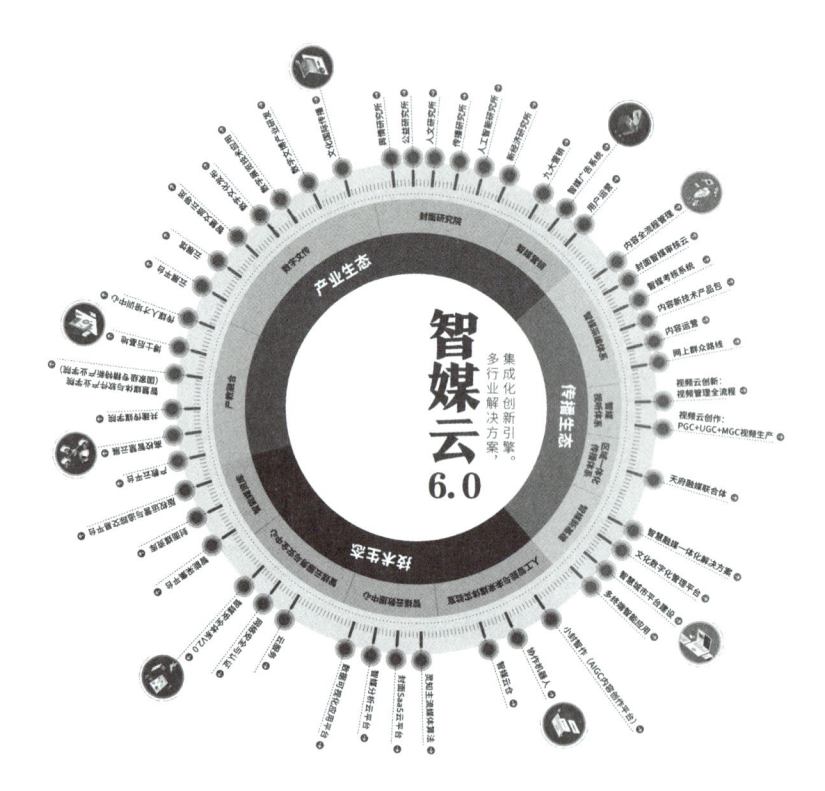

封面传媒智媒云 6.0 整体架构图

由新华社和阿里巴巴集团共同投资成立的大数据人工智能科技公司新华智云，则自主研发了人工智能平台"媒体大脑"，并推出"MAGIC 短视频智能生产平台"。

上海报业集团从 2018 年第四季度开始，就汇集各方力量，围绕"新技术、新产品、新运营"主题，进行了技术创新专题大调研，梳理出 8 类引领媒体变革的创新技术，在深度融合的基础上衍生出 20 个"智媒体"单元。

南方报业传媒集团的"南方智媒云"拥有独立知识产权，以大数据、人工智能、云计算、区块链、5G、VR 和 AR 等新技术为手段，推动各业务系统用户联通、流程畅通、数据流通，对内服务于各采编部门及人员，推动媒体融合，赋能智能化生产，为内部组织流程再造及人员提质增效提供坚强保障；对外支持报、刊、网、端、微、屏全媒体矩阵，支撑"南方+"等媒介智慧化传播，切实提高传播能力。

《每日经济新闻》2020年起启动技术转型战略，打造了覆盖逾4000家A股公司的每经AI快讯系统，2021年12月20日正式上线"每经AI电视"，由人工智能技术驱动7×24小时视频直播。

……

主流媒体跑步进入了智媒时代。

二、智能媒体发展现状及未来展望

自2019年起，中国传媒大学新媒体研究院与新浪AI媒体研究院联合启动了中国智能媒体发展研究系列课题，每年定期发布《中国智能媒体发展报告》成果，忠实记录中国智媒发展历程，解析中国智媒发展突围之路，深入挖掘中国智媒案例经验，共同见证了中国智媒的创新力量和无限潜能。

2022年初，《中国智能媒体发展报告（2021—2022）》（以下简称《报告》）基于44家各级媒体的调查反馈，细致盘点了2021年中国智能媒体发展的八大亮点，洞悉我国智能媒体应用生态。《报告》指出，2021年，我国媒体深度融合提速，迈向智媒体全新阶段；智媒体市场需求持续释放，市场规模稳定增长；媒体融合升级2.0，AI工具中台化提速；赋能自然灾害报道救援，探索社会治理新模式；建党百年集中亮相，开启智慧党建新篇章；促进文旅会展行业深融，拓展智媒体生态边界；前沿技术加速落地，集中亮相北京冬奥会；智能虚拟人应用火爆破圈，开启元宇宙新纪元。

《报告》认为，2021年度智能媒体依旧处于加速发展阶段。从技术层面来看，人工智能已广泛应用于我国媒体传播体系中的各个领域及环节，人工智能技术从资源配置、内容生产、组织形态等方面促进传媒行业的创新探索。随着技术的不断进步，智能媒体也在向多行业领域延伸，在不同产业的多个业态、多个场景落地应用。未来几年,智能媒体将引领精神文明建设,提升党建工作效能,同时赋能应急事件处理,助力防灾救治工作,而虚拟偶像将持续发展,展现丰富应用场景,AI+物联网持续发展,智能汽车、智能家居等都将成为新的用户终端。与此同时,人工智能支撑精准传播,人工智能对用户喜好的深度挖掘、国际表达的创新形式将提出新的可能。

第二节 智媒时代的网络传播特性

清华大学传播学教授彭兰将智能媒体的特征概括为以下三个方面[1]:

第一,万物皆媒。过去的媒体是以人为主导的媒体,而未来,机器及智能物体都有媒体化的可能。

第二,人机合一。智能化机器、智能物体将与人的智能融合,共同作用,构建新的媒体业务模式。

第三,自我进化。人机合一的媒介具有自我进化的能力,机器洞察人心的能力、人对机器的驾驭能力互相推进。

她认为,从信息生产角度看,智能媒体将带来以下几方面的可能:

一是用户分析与匹配的场景化、智能化与精准化。智能媒体将更好地洞察每个用户在特定场景下的行为与需求,并智能推荐其所需要的信息与服务。

二是新闻生产的机器化、智能化与分布式。一方面,智能化机器进入新闻信息的采集、分析、写作等环节,改变现有的生产模式;另一方面,由多元主体在去中心化的模式下完成的协作式报道,在未来将更为普遍。

三是新闻传播的泛在化、智能化与新闻体验的临场化。各种智能物体将成

---

[1] 彭兰:《网络传播概论(第4版)》,北京:中国人民大学出版社,2017年,第35—36页。

为新闻接收的终端，从而为用户提供无所不在的信息获取，而 VR、AR 等技术将为人们打造全新的新闻临场感。

四是互动反馈的传感化与智能化。用户在信息消费过程中的生理反应，将通过传感器直接呈现，用户反馈将进入生理层面。

其实，当前智能化技术已经被广泛应用于媒体运作的各个环节，媒体格局正在重构，融合发展也是大势所趋。经过多年持续进化，封面新闻也总结出了一套智媒时代的网络传播特性。

一、传播场景之变：万物皆媒，智传万物

在智媒时代，随着物联网、传感器等技术的兴起，连接已不限于内容与内容之间、人与物之间，甚至延伸到物与物之间。人们身边的智能设备越来越多，我们其实已步入万物互联时代。没有人是一座孤岛，每个人、每个设备都是万物互联大陆的一部分。就未来几年的发展来看，智能汽车、智能家居等都将成为新的用户接收新闻信息的终端。以车载智慧媒体为例，当前智能化汽车普及率越来越高，未来，车载智慧媒体有望成为新的信息渠道。结合大数据和物联网，车载广告投放也将会更加精准，转化率会进一步提升。

封面新闻车载智慧媒体概念图

2021年6月，华为HarmonyOS 2正式发布，新浪新闻成为鸿蒙的生态合作伙伴，在手机端和手表端为HarmonyOS 2的用户提供资讯内容服务。当用户想快速获取新闻资讯时，通过手机桌面的左下方或右下方斜上滑动，调出服务中心，即可通过新浪新闻卡片看到当日要闻资讯和"新浪热榜"。这是新闻资讯平台探索信息生态多终端、全场景内容分发的一个重要尝试。

二、传播对象之变：精准传播，用户行为可追溯

智媒时代，在大数据的作用下，内容的传播对象由模糊变为精准，用户的信息消费行为也变得可追溯、可反馈，从而优化内容传播方式和内容推荐方式。

精准传播最具代表性的内容聚合类新闻App就是今日头条，集合大数据技术和人工智能技术，根据用户的行为爱好和阅读习惯，提供定制的新闻推送服务。这种千人千面的内容推送模式，使其上线后备受用户欢迎，用户量急剧攀升。

但是，以内容个性化推荐为代表的算法技术在为用户提供精准化、智能化服务的同时，也带来了很多不良影响，如安全风险因素增高、不良信息泛滥风险增加、信息茧房造成价值观分化等。个性化内容推送让用户过滤掉不感兴趣的信息内容，这无形间影响了用户对于信息内容的多样性自主选择，导致用户的信息接触面越来越狭隘、单一和固化，形成"信息茧房"效应。用户一旦身处其中，就会满足于被动的知识积累，很难再接受不同的观点，甚至在不同群体间造成沟通阻碍。

因此，各大主流媒体都在优化算法，推出主流媒体算法。如《人民日报》在2019年就推出了主流算法推荐系统，通过质量把控、智能分发和传播反馈三个重要步骤，用主流价值导向驾驭"算法"；中央广播电视总台提出的"总台算法"，在内容推荐中除了常规的传播量、浏览量、点赞量，还加入了价值

传播因子、动态平衡网络、社会网络评价体系，及与正能量相关的指标；南方报业传媒集团提出的"南方党媒算法"，是一种多算法融合互补、强化正面主流价值引导的智能推荐技术；封面新闻提出了"灵知"主流媒体算法，并将"主流算法"概念实际运用到内容生产的策、采、编、审、发、考的全流程，实现"内容生产+内容审核+内容分发+内容传播"的4类应用场景，目前已经在封面新闻的各个业务场景中稳定运行，并实现了广泛的对外技术输出。

三、传播内容之变：泛内容，泛传播

在传统媒体时代，内容指的就是新闻内容，优质的新闻内容是媒体生存发展的制胜法宝，同时能够扩大发行量、影响力，提升品牌效益。在互联网时代，媒体的边界扩充了，内容生产主体扩大，内容传播平台扩大，内容、传播无处不在，因此整个传播内容出现泛内容、泛传播的变化。

泛内容是相对于传统媒体新闻内容的"窄"而言的，指传播内容不再局限于新闻性，各种内容都可在相应的平台上广泛传播。比如微信公众号上，除了新闻资讯，还有行业类、情感类、时尚类、美食类、美妆类等诸多内容。而主流媒体也在不断扩大自身的内容版图，除了做强新闻内容，也在尝试拓展内容外延，封面新闻就聚焦科技、生态、人文等3个内容方向。

泛内容的传播也不再拘泥于单纯的图文、文本等传播形式，呈现出非线性的传播模式，多模态、多平台、多交互地进行传播。

四、传播体验之变：沉浸体验，虚拟真实

在智媒时代，VR、AR等技术打破虚拟与现实之间的边界，给用户提供了临场感强的沉浸式体验，营造出超真实的场景，有效提升了用户的新闻体验感。

例如，《纽约时报》在2018年平昌冬季奥运会期间进行了首次增强现实

功能报道，用户不仅可以回看花样滑冰、单板滑雪、短道速滑等慢镜头回放，还可以看到利用增强现实功能在视频画面上添加的动画与文字说明。在2018年俄罗斯世界杯比赛转播中，CCTV-5与"晓数聚"进行合作，后者不仅为直播统筹提供了常规数据分析、高阶数据分析以及基于虚拟包装、AR植入、大屏包装、在线包装等多种形态的数据可视化呈现，还为直播统筹设计搭建了虚拟AR演播室，使《豪门盛宴》等栏目呈现出令人惊叹的视觉特效。

在深圳文博会上，河南日报报业集团推出了"增强现实报纸"，用户用增强现实扫描功能扫一扫当天报纸上的广告，通过视频叠加，就能看到广告图片动起来。新华社新闻客户端推出增强现实新闻2.0"天地工程"，用户可将一艘火箭发射的动画与现实中的任意平面结合在一起，并能够为火箭选择"改革号"等名称，按下发射钮，目睹整个火箭发射过程，互动感和视觉效果良好。[①]

封面新闻也在发力数字文博领域，以R+技术、三维实景建模技术、虚拟策展技术，在2020年9月设计制作了全国首个全场景3D化的智能云展馆——第八届中国（绵阳）科技城国际科技博览会云展馆。2021年第四届数字中国建设峰会上，封面新闻利用全息投影技术让三星堆铜纵目面具"活"了起来，现场参观者可以360°近距离观察文物全貌。值得注意的是，这个虚拟与现实结合的铜纵目面具，是通过三维扫描还原而来，通过自主研发的机械臂，加上另外120台相机组成矩阵，实现文物完成的精度可达0.1毫米的三维数字化重建。0.1毫米的精度，背后体现的是领先的四川文物数字化技术水平，更是数字层面的文物保护。

---

① 刘扬：《2018媒体新技术：4K多姿多彩5G挥手即来》，人民网－新闻战线，2019年1月27日。

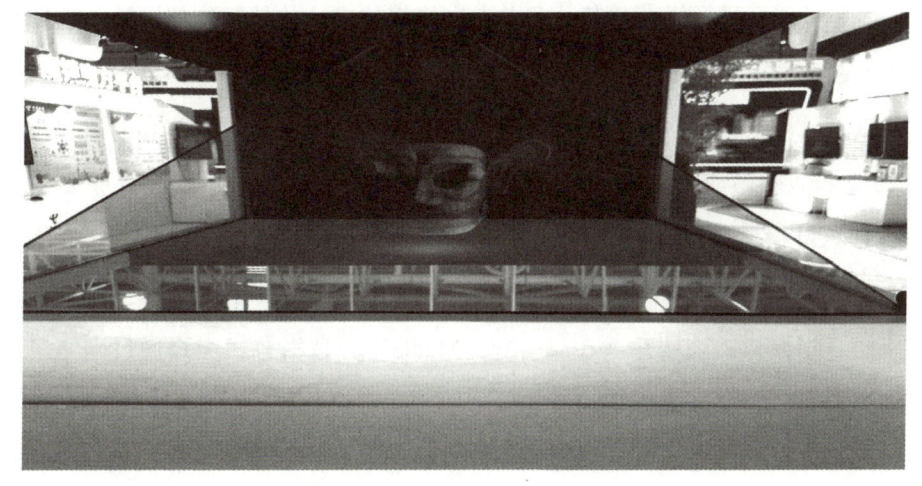

"活"起来的三星堆铜纵目面具

第三节 网络新闻传播的重构与陷阱

在传统媒体时代，从事新闻传播的都是具有新闻出版资质的专业媒体机构，从事新闻传播的人员也都是具有新闻采编资质或新闻记者证的专业从业人员，但随着网络传播时代的到来，新闻传播主体扩大化，新闻生产、传播系统已经被重构。

一、网络新闻生产与传播主体

就目前的传播态势来看，网络新闻生产与传播的主体有四种：

一是专业的媒体机构。传统媒体机构在应对网络传播趋势时，也在不断扩张自己的内容传播平台，从自建网站、客户端，到入驻微博、微信、抖音、快手、知乎、哔哩哔哩……传统媒体的内容生产和传播早就不再拘泥于自有平台，而是呈现多平台运营趋势。目前在网络媒体中，传统媒体依旧是基础性的生产力量。①

以人民日报社为例，除建设自有网站人民网、《人民日报》客户端外，还于2012年入驻微博、微信，2018年9月入驻抖音、快手，2021年入驻B站，2022年入驻微信视频号。截至2022年，《人民日报》新媒体已形成了以"两微两端多账号"为主体的移动传播矩阵，覆盖用户超7.5亿。

二是自媒体。自媒体（英译"We Media"）是指普通大众通过网络等途径向外发布他们本身的事实和新闻的传播方式。它是普通大众经由数字科技与全球知识体系相连之后，一种提供与分享他们本身的事实和新闻的途径；是私人化、平民化、普泛化、自主化的传播者，以现代化、电子化的手段向不特定的大多数或特定的个体传递规范性及非规范性信息的新媒体的总称。②

当前，自媒体以其强大的产能和传播力，成为网络新闻传播中非常重要的一个主体。一些自媒体在长期运营过程中也形成了本领域较专业的生产能力。但同时，自媒体的内容没有统一的标准和相应的规范，由自媒体人自行决定，随着移动智能手机终端的普及，自媒体的入门门槛越来越低，导致一些内容变得越来越低俗，信息泛滥也越来越严重，存在内容良莠不齐、可信度低等问题。例如，曾经风靡一时的自媒体账号"咪蒙"就因发布失实内容被关停。

三是各类机构、组织、企业。在传统媒体时代，政府机构、企业、各类组织都需要通过专业的媒体机构发布相关信息，但随着网络传播的兴起，他们不再依赖于专业的媒体机构，而是开始在自己的网站、客户端、社交平台账号、聚合类平台号体等多个渠道进行无中介的信息发布和内容传播，将与自己有关的信息传播主动权掌握在自己手里。

---

① 彭兰：《网络传播概论（第4版）》，北京：中国人民大学出版社，2017年，第142页。
② 参见科普中国·科学百科"自媒体"，https：//baike.baidu.com/item/%E8%87%AA%E5%AA%92E4%BD%93/829414。

不过，由于这些机构、组织、企业自身的立场，其发布的信息往往不能保持内容的独立性和客观性。

四是信息聚合平台。除传统媒体外，以今日头条为代表的信息聚合平台类的客户端直接影响着当今的网络传播态势。这些平台虽然不能直接生产新闻信息，但因其强大的用户量，对以上三类传播主体内容产生了强大的聚合力。不管是传统媒体还是自媒体，为了流量，都自发地在这些平台上分发内容。今日头条、一点资讯等平台将信息聚合建成强大的内容池，通过强大的大数据、人工智能技术，用算法将海量信息进行个性化的推荐分发，从而对当今网络新闻传播产生了巨大的影响力。

除此之外，微博、微信、抖音、快手等社交平台也是网络新闻传播的主要力量。这些社交平台聚合了人与人、人与信息的关系，创造了一个全新的、规模空前的信息传播平台。

二、网络新闻传播的陷阱

随着当前网络新闻生产与传播主体的扩大，内容安全问题也逐渐凸显，一些虚假新闻，背离主流价值观、过度娱乐化、低俗的内容不断出现，国家多个监管部门也相继出台了一些法律、行政法规和规章制度，对网络信息传播进行规范化管理。

（一）网络新闻管理法律法规

关于网络新闻管理的第一个法规是国务院新闻办公室和信息产业部于2000年11月6日颁布的《互联网站从事登载新闻业务管理暂行规定》。该规定确认了商业网站参与新闻传播的资格，同时限制了商业网站参与新闻传播的权限，即只能登载。2005年9月25日颁布的《互联网新闻信息服务管理规定》是对这一暂行规定的修订，进一步明确了网络新闻的管理范围。

随着新技术与新应用的出现，相关管理部门又陆续出台了一些新的规定。

国家互联网信息办公室2014年8月7日颁布了《即时通信工具公众信息服务发展管理暂行规定》，国家新闻出版广电总局2016年9月9日颁布了《关于加强网络视听节目直播服务管理有关问题的通知》，国家互联网信息办公室2016年11月4日颁布了《互联网直播服务管理规定》，国家互联网信息办公室2017年5月2日颁布了《互联网新闻信息服务管理规定》，通过一系列法律法规来规范网络新闻信息传播。

但是，由于网络媒体的技术性、内容的丰富性、形态的复杂性，当前网络新闻传播也有很多"陷阱"，如虚假新闻及由大数据算法带来的算法黑箱和信息茧房等。

（二）网络虚假新闻

自2001年起，《新闻记者》每年都会盘点年度虚假新闻。据《2020年虚假新闻研究报告》，中国的虚假新闻在2020年进入了相对"繁盛"的状态，入选的案例不仅数量众多，而且在类型上也显现出成因的多样性和影响的广泛性。伴随新冠肺炎疫情发生的"信息疫情"是2020年虚假新闻案例最为集中的表现，而与此同时，中国新闻业在新的数字化环境下转型和重组过程中产生的虚假新闻案例也屡见不鲜。[①]

《2020年虚假新闻研究报告》指出，当年，中国的虚假新闻呈现出以下特点：第一，新冠肺炎疫情的不确定性为虚假新闻提供了可乘之机；第二，虚假新闻成为公众情绪和社会热点的另类映射；第三，媒体间议程设置为虚假新闻"赋权"；第四，主观故意炮制虚假新闻的案例增多；第五，虚假新闻继续在混合型媒介系统中传播。

在网络传播过程中，个别媒体为追逐流量、抢夺时效，引用未经证实的发帖内容，成为虚假新闻的生产者，并且通过互相接力转发，扩大了虚假新闻的

[①] 白红义、曹诗语、陈斌：《2020年虚假新闻研究报告》，《新闻记者》，2021年第1期。

传播范围。

（三）算法黑箱和信息茧房

除了虚假新闻，由大数据算法带来的算法黑箱和信息茧房也是网络新闻传播过程中出现的典型"陷阱"。

当前，人们的生活越来越被一种叫作"算法"的东西决定。你在搜索引擎键入关键词，出来什么结果、按照什么顺序排列，是由算法决定的；你在微博和今日头条上刷出哪些方面的文章和广告，也是由算法决定的；你打网约车、听歌、购物，往往都有算法的参与……《人类简史》的作者赫拉利（Yuval Noah Harari）甚至还预测：未来你的伴侣可能也是由算法计算，然后推荐给你的。

简单理解，算法就是由计算机自动执行的一套规则。它在人类社会中扮演的角色越来越重要，但人们对算法还知之甚少。而这自然是很危险的：如果我们不了解算法，它就可能被用于侵害我们的权益、伤害社会正义，而我们可能对此毫无察觉。

与此同时，用户受自己阅读喜好的影响，在算法控制下只能看到自己喜欢看的内容，这就是算法造成的信息茧房。"信息茧房"（Information Cocoons）一词由美国学者桑斯坦（Cass R. Sunstein）在其2008年出版的著作《信息乌托邦——众人如何生产知识》中提出，在他看来，信息茧房意味着人们只听他们选择和愉悦他们的东西。

但如果每个人关注的只是自己兴趣内的那一小片天地，他对这以外的世界就会越来越缺乏了解。这或许不会影响到他个人的生活，但是在需要公共对话的时候，人们会缺乏共同的视角。而共同视角的缺乏，意味着人们对一些事实的判断会出现差异，难以形成共识。同时，信息环境的封闭与狭隘也可能会进一步固化人们的某些观点与立场。因此，近年来有越来越多人呼吁：科技公司应该打开算法这个"黑箱"，让算法透明化，接受公众监督。

而基于此，国家相关部门也在出台相应的政策法规进行管控。2022年1月，国家互联网信息办公室、工业和信息化部、公安部、国家市场监督管理总局联合发布《互联网信息服务算法推荐管理规定》[①]，明确算法推荐服务提供者不得利用算法影响网络舆论、规避监督管理。

国家互联网信息办公室有关负责人表示，出台这一规定旨在规范互联网信息服务算法推荐活动，维护国家安全和社会公共利益，保护公民、法人和其他组织的合法权益，促进互联网信息服务健康发展。在互联网信息服务领域出台具有针对性的算法推荐规章制度，是防范化解安全风险的需要，也是促进算法推荐服务健康发展、提升监管能力水平的需要。

（四）AI生成虚假信息

2022年AIGC（A-Generated Content，人工智能生成内容）爆火出圈，OpenAI的大型语言生成模型ChatGPT刷爆网络。它能胜任高情商对话、生成代码、构思剧本和小说等多个场景，将人机对话推向新的高度，让网友们不禁怀疑ChatGPT是否已经具有人类智能。全球各大科技企业都在积极拥抱AIGC，不断推出相关的技术、平台和应用。

2023年5月，全球首个完全由人工智能生成新闻报道的平台NewsGPT面世，德国出版巨头Axel Springer和英国出版商Reach也发表了AI撰写的首批文章，美国科技新闻网站CNET悄悄上线了70多篇AI技术生成的新闻报道。来势汹汹的生成式AI备受内容相关行业追捧。

但与此同时，内容生成式AI面临的最大挑战是准确性、真实性。2023年2月，一则杭州3月1日取消机动车尾号限行的"新闻稿"在网上流传，并引起广泛讨论。后经调查，该"新闻稿"是杭州一小区业主利用ChatGPT所写，后发布在业主群里，导致错误信息传播。2023年4月，甘肃侦破首例利用AI

---

① 《互联网信息服务算法推荐管理规定》，中华人民共和国国家互联网信息办公室官网，2022年1月4日。

人工智能技术炮制虚假信息案，一男子利用 ChatGPT 人工智能软件编造"今晨甘肃一火车撞上修路工人 致9人死亡"文章上传百家号非法获利。除文字外，2023年上半年，多起利用 AI 恶意 P 图事件引爆网络舆论，AI "一键绘图"、AI "一键换脸"、AI "视频合成"的恶意使用让"眼见不再为实"，有图有真相、有视频有真相的事实判断标准被彻底颠覆。

为促进生成式人工智能技术健康发展和规范应用，2023年7月国家互联网信息办公室发布《生成式人工智能服务管理暂行办法》。该办法指出，生成式人工智能提供者通过 API 接口支持他人生成内容的，也要"承担该产品生成内容生产者的责任"；要求生成式人工智能提供的内容应当真实、准确，采取措施防止生成虚假信息。

第四节　网络传播中的法律问题

当前网络信息传播呈现出海量聚集、差异推送等现象，个人信息过度收集，图片版权侵犯，肖像权、名誉权侵犯等事件时有发生，因此有必要对网络传播中主要存在的法律问题进行解析和说明。

一、网络传播中稿件内容所涉作品类型

《中华人民共和国著作权法》第三条规定：本法所称的作品，是指文学、艺术和科学领域内具有独创性并能以一定形式表现的智力成果。具体到网络传播中，最常见的作品类型包括以下几类：文字作品、摄影作品、美术作品、音乐作品、视听作品、计算机软件作品等。

稿件编写过程中常用的素材及工具

其中，摄影作品和美术作品表现为稿件中使用的配图，音乐作品表现为稿件或视频中的背景音乐，视听作品主要表现为短视频，计算机软件作品主要表现为稿件、海报、视频中的字体及图片、视听作品的制作及修改工具。

二、网络传播中稿件内容所涉侵权内容

《中华人民共和国著作权法》第十条规定，著作权包括人身权和财产权。在网络传播中，主要涉及署名权、复制权、信息网络传播权，目前的著作权侵权案例中以信息网络传播权侵权纠纷最为常见。同时，著作权法对权利的保护是单向的、垄断的，除了著作权法规定的合理使用、法定许可使用、强制许可情形，只要未经权利人授权使用，即为侵权，就需要承担相应的侵权责任。通过中国裁判文书网查询，全国各地媒体机构的案件类型主要分为两大类：一类是侵犯文字作品、摄影作品、音乐作品、视听作品的信息网络传播权；一类是侵犯民事主体的民事权利，主要表现为稿件内容侵犯民事主体的名誉权和肖像权。

三、网络传播中稿件内容侵犯文字作品、摄影作品、美术作品、视听作品信息网络传播权

（一）文字作品、摄影作品、美术作品、视听作品信息网络传播权纠纷现状

近年来，文字作品、摄影作品、美术作品、视听作品信息网络传播权诉

讼呈上升趋势，尤其是新媒体的出现以及互联网带来的便捷性，侵犯摄影作品的信息网络传播权纠纷几乎是各大法院在处理著作权纠纷中最为常见的案件。媒体为丰富平台的信息内容，互相转载稿件数量多，稿件中的配图没有办法做到每篇稿件都一一核实；同时，对于摄影作品素材，媒体机构可能通过购买的方式获得部分图片的授权使用，但媒体机构的购买也仅限自己使用，合同一般不允许转授权，因此媒体在转载其他合作媒体的稿件中就更大概率会遇到侵权问题。

目前市场上有很多图片维权公司，通过签订授权协议，取得文字作品、摄影作品、视听作品的著作权及维权的权利，他们大多通过数据爬取技术找到未经授权的使用者，然后进行诉讼维权。文字作品、摄影作品、美术作品、视听作品的使用者往往不知道自己何时使用了这样的作品，只有在收到法院传票时根据对方提供的证据材料查询才知道；有的甚至连侵权稿件都已经删除了，但在权利人提供了充分的证据材料的情况下，也只能承担不利的法律后果。

（二）侵权赔偿标准

《中华人民共和国著作权法》第五十四条规定，侵犯著作权或者与著作权有关的权利的，侵权人应当按照权利人因此受到的实际损失或者侵权人的违法所得给予赔偿；权利人的实际损失或者侵权人的违法所得难以计算的，可以参照该权利使用费给予赔偿。对故意侵犯著作权或者与著作权有关的权利，情节严重的，可以在按照上述方法确定数额的一倍以上五倍以下给予赔偿。

针对文字作品、音乐作品、美术作品、摄影作品、视听作品的侵权赔偿，为了统一裁判标准，北京市高级人民法院制定了关于侵害知识产权及不正当竞争案件确定损害赔偿的指导意见及法定赔偿的裁判标准，但也不是全国适用的规定，各地法院在处理文字作品、摄影作品侵权的信息网络传播权诉讼案件时，还是会根据各地的具体情况进行裁定。从判决看，侵犯摄影作品信息网络传播权的案件，赔偿的标准在几百到几千不等，具体判决还会结合具体的使用方式、传播量等因素综合考量。

（三）积极应对稿件内容侵犯文字作品、摄影作品、美术作品、视听作品信息网络传播权纠纷

在卷入了文字作品、摄影作品、美术作品、视听作品信息网络传播权纠纷的案件时，要积极应对，查看权利人所主张的权利是否存在，权利人是否为著作权法上规定的权利人，是否存在著作权法规定的侵权行为，是否存在著作权法规定的合理使用、法定许可使用、强制许可使用的情形，综合以上各要件进行应对。

四、网络传播中稿件内容侵犯计算机软件信息网络传播权

计算机软件侵权主要表现为字库软件、制图软件，如奥多比制图软件以及方正字库、汉仪字库、造字工房等字体软件侵权。在短视频制作过程中会用到一些制图软件，为了让海报内容更丰富、有趣，制作人员可能用到相应的字库公司字体，而如果在使用时未取得授权，在权利人主张侵权后往往就比较被动。比较著名的字体侵权案例是方正起诉魔兽世界一案，我们从法院的判决中可以看到，构成侵权的赔偿标准还是参考了权利人因此受到的实际损失或者侵权人的违法所得；权利人的实际损失或者侵权人的违法所得难以计算的，则参照该权利使用费给予赔偿。

五、网络传播中稿件内容侵犯名誉权、肖像权

新闻媒体机构享有对社会热点事件进行报道、满足社会公众了解事件真相的权利，而热点事件尤其是冲突事件的报道内容，容易引发民事主体的名誉权、肖像权纠纷。《中华人民共和国民法典》第一千零二十四条规定，民事主体享有名誉权，任何组织或者个人不得以侮辱、诽谤等方式侵害他人的名誉；第一千零二十五条规定，实施新闻报道、舆论监督等行为，若存在捏造、歪曲

事实，对他人提供的严重失实内容未尽到合理核实义务，使用侮辱性言辞等贬损他人名誉的情形，应认定为侵害他人名誉权，需要承担民事责任。合理核实义务主要参考以下几个方面：内容来源的可信度、对明显可能引发争议的内容是否进行了必要的调查、内容时限性、内容与公序良俗的关联性、受害人名誉受贬损的可能性、核实能力与核实成本。

六、网络传播中如何避免侵犯著作权、名誉权、肖像权

第一，图片版权素材规范化使用，避免侵犯著作权。媒体机构在网络传播中规避著作权侵权风险的最好方式是版权素材规范化使用，建议：一是与大型图片公司达成合作，购买一定数量的图片版权素材，取得图片版权素材的信息网络传播权；二是对网络媒体上的历史稿件做梳理，对于不具有时效性、历史价值的稿件进行清理，消除历史欠账；三是联合媒体机构，共享图片版权素材的信息网络传播权。具体到操作层面，还需结合各类具体情况执行。

第二，坚持真实、客观地报道，避免侵犯名誉权。媒体机构的相关报道必须坚持如下原则：

（1）内容应坚持真实、准确、全面、客观、公正的原则；

（2）对明显可能存在争议的内容进行必要的调查，开展批评性报道至少要有两个以上不同的新闻来源，对多方信息源进行认真核实，并保存好相关的采访记录；

（3）不得凭借主观猜测改变或杜撰新闻事实，不得故意歪曲事实真相；

（4）尽可能使用化名，避免使用真实姓名。

第三，合理使用"马赛克"，避免侵犯肖像权。媒体机构在报道中为表现事情的真相而不得不使用有他人肖像的图片时，应做好相关的肖像图片的遮挡，合理使用"马赛克"。

第四，进行版权知识培训，建立相应的扣罚机制，尽可能做到合规使用稿

055

件内容素材。媒体机构在员工层面开展版权相关的培训，使其有版权意识，明白哪些情况构成侵权；同时，建立相应的扣罚机制，在不按照公司制度开展业务时，对其引发的侵权后果承担相应的责任。

下篇

网络传播实践

WANGLUO

CHUANBO

SHIJIAN

第四章　网络新闻的采编

当前媒体融合不断深入，人工智能、大数据等前沿技术正在传播领域深入应用。传播生态不断被重塑，不仅传播速度和传播方式发生改变，信息采集、加工、生产、审核、发布等环节都得到了颠覆性变革。

在这种情况下，智媒时代的新闻采写、内容编辑与传统媒体的新闻采编有了巨大不同，并呈现出即时性、碎片化、交互性、个性化等特点，但也出现 AI 合成的虚假新闻、"标题党"等各种新问题。这些问题需要监管部门、媒体机构、新媒体从业者、受众等新闻传播各环节的参与者从不同方面做出努力，促使网络新闻传播良好、健康发展。

第一节　网络新闻传播策略

智媒时代的新闻传播发生了很大变化，尤其是融媒体的趋势和自媒体的出现，使得新闻传播更加快速，具有即时性、随意性、碎片化、个性化的特点[1]，同时新闻资讯传播促进了受众与新闻发布者的互动交流。

结合当前网络传播规律，新闻内容产品可按生产周期分为秒级产品、分钟级产品、小时级产品、日级产品、月级产品、年级产品等，通过多个维度、全周期的运营，全方位提升传播效果。

一、秒级产品，抢占用户注意力

随着网络技术的成熟，移动客户端、5G 通信的普及，只要手机在手，人们就可随时随地获取新闻信息。各类新闻客户端及社交平台都会在第一时间推送新闻，抢占用户注意力的时效性已经提升到了"秒级"。当前常见的秒级新闻内容产品主要包括机器写作、自发布、客户端推送、自动生成海报等。

其中，自发布、客户端推送、自动生成海报都是通过技术手段第一时间发布信息，并通过文字、图片等形式推送到用户面前，第一时间抢占用户注意力。

这里重点介绍一下机器写作。从 2015 年开始，国内外各大媒体就开始逐步拥有自己的写稿机器人。在国外，《纽约时报》利用 Blossomblot 系统筛选文章向社交网站等平台推送；《华盛顿邮报》使用 Heliograf 程序核实新闻的准确性；《洛杉矶时报》智能系统专注处理地震等突发新闻；路透社的 Open Calais 智能解决方案可协助编辑审稿；《卫报》利用机器人 Open001 筛选网络

---

[1] 秦承玉：《网络新媒体时代新闻传播的特点与发展策略》，《西部广播电视》，2018 年第 13 期。

热文，生成实验性纸媒产品……机器人写稿已在国外新闻实践中发挥了一定作用。2023年，AI技术迎来爆发式进化，在ChatGPT爆火之后，Midjourney、DALL-E等绘画、视频软件也迅速走进大众视野，赢得众多资本追逐。在国内，百度也推出AI对话软件"文心一言"，360发布"360智脑大模型"，AI正式在多领域开启深度应用。

其实，对新闻领域的机器写作，国内早有探索。2015年9月10日，腾讯财经频道用自动化新闻写作机器人Dreamwriter发布了一篇名为《8月CPI涨2%创12个月新高》的报道，开启了国内机器人写稿的先河。此后，新华社推出机器人写稿项目"快笔小新"，阿里巴巴集团联合第一财经推出"DT稿王"，今日头条推出"xiaomingbot"，南方报业传媒集团推出"小南"，各种写稿机器人纷纷涌现。[①]

2016年，封面新闻客户端发布了题为《12月20日打折资讯推荐》的稿件，集纳发布了成都市各大商场的打折信息，这是封面传媒自主研发的小封机器人生产的第一条稿件。此后，小封机器人不断改进优化，写稿领域逐步扩展到体育、财经、灾害、生活、娱乐、科技等10多个领域。如在2018年"2·18"青川地震发生后，小封机器人仅用8秒就完成了一篇包含地震信息、震中天气路况、周边县市基本情况的1300字详稿，完成了普通记者需要半小时以上才能完成的工作。又如，2022年卡塔尔世界杯期间，封面新闻推出了小封评球2.0版，24小时不间断地写作了前瞻、赛程、速报、赛果等各类稿件600余篇，阅读量过10亿。

---

① 耿磊：《机器人写稿的现状与前景》，《新闻战线》，2018年第1期。

卡塔尔世界杯期间小封机器人写作的比赛战报

二、分钟级产品，提升用户视觉动态体验

在秒级产品第一时间抢占用户注意力后，分钟级产品主要是为了提升用户对新闻的现场感及视觉的动态体验，因此，分钟级产品主要包括小视频、短视频及直播。

当前，各大主流媒体对记者的要求都是必须具备直播及短视频拍摄制作的能力，当重大突发新闻发生时，第一时间就要启动直播，发布短视频。例如，2021年9月16日04时33分四川泸州市泸县发生6.0级地震，宜宾、自贡、内江、成都、重庆等地都震感强烈。16日凌晨5时许，封面新闻记者就分三路火速抵达震中泸县县城进行直播，并传回多段当地各路救援力量、当地房屋损毁和人员伤亡情况的视频。封面新闻客户端开展直播后，受到众多网友关注，当天全网共有超50万网友在线观看了该场直播。

另外，为了弥补人力覆盖范围不足的情况，各大媒体都组建了自己的拍客团队，进一步丰富新闻来源及内容。例如，封面新闻的"青蕉视频"截至2022年6月已拥有5000多名全球拍客，每月生产精品短视频超600条，内容覆盖国内外时事、社会热点、重大突发事件、逸闻趣事等。

三、小时级产品，强化用户深度思维

小时级产品包括深度图文、封面评论和海报制图等。这一阶段主要是为了提升内容产品的深度，强调内容的调查性和理性思维。

深度图文因内容的丰富程度，需要小时计时间才能完成。以第三十届中国新闻奖文字通讯与深度报道三等奖获奖作品《1个人与27个人的生死对话》为例，该作品为四川凉山州"3·30"森林火灾的深度报道，并没有从宏大的主题入手渲染悲壮气氛，而是将采访聚焦于1名退役战友为27名战友送别的主题，透过讲述牺牲消防员的人生，呈现对他们最深切的怀念，有效化解和规避对烈士至亲的"二次伤害"。这类有强烈精神内核的深度内容，需要时间的打磨才能呈现出来。

同样，能够呈现新闻内容深度的还有一项重要的内容产品，即新闻评论。近年来，新闻评论在新闻传播、舆论场景中的重要性越来越凸显，如在2023年5月发生的"网民杰克辣条虐猫"事件中，人民网的评论《"处刑式虐猫"可憎，是向人类良知挑战》在网络上引起巨大反响，获网友点赞15余万，话题的微博阅读量达6亿，被各大媒体平台转载推送，有效推动了个案调查追责与相关管理制度的系统性反思，同时纾解了社会情绪。

扫码阅读
《"处刑式虐猫"可憎，是向人类良知挑战》

可见，新闻评论作为宣传鼓动、舆论引导的重要工具和直接抓手，一直发挥着举足轻重的作用。在信息社会新的传媒生态下，网络评论则面临更高的要求，不仅需要新闻敏感度更高、成文速度更快，也需要充分迎合网络舆论的传播路径，以最抓人眼球的方式将受众吸引过来。新闻评论工作者要把握移动互联网时代的传播规律，努力在选题、标题、写作方式、表现形态上守正出奇，以取得更好的传播效果、引导效果。

第四章　网络新闻的采编

四、日级产品，提升用户交互体验

以"天"为单位的日级产品，其科技性、交互性得以有效提升，各大媒体依据新闻内容都会制作形式多样的新技术内容产品。

如新华社为庆祝建党百年，于 2021 年 1 月 2 日推出的融媒体报道《2021，送你一张船票》，以南湖红船为线索，以船票带入百年征程，将文字、国潮插画、闯关游戏、音乐、音频文献等融合到 H5 之中，让网民领取船票，置身于中国共产党领导下中华民族走出黑暗、走向复兴的百年征程中，感受百年来翻天覆地的巨大变化。这是庆祝建党百年的首个"爆款"产品，全网浏览量超过 5 亿。

新华社《2021，送你一张船票》

另外，AR、VR、定格动画、三维动画、数据可视化产品、小游戏等也都属于日级新技术产品。如中国印钞造币集团有限公司与腾讯 QQ 联合出品了"人民币防伪知识"AR 交互产品，用户只需打开手机 QQ "扫一扫"功能，对准第五套人民币 100 元纸币正面，人民币上的凤鸟图样就会活灵活现地展翅腾飞，并向用户展示一段有关人民币文化和防伪知识的视频。该项产品也在网络得到了较好传播。

五、月级产品，丰富内容维度

如今网络传播都在求速，但是一些经过时间打磨的月级"慢产品"追求纵深感和全面细致，也可以获得较好的传播效果和社会效益。以封面新闻在2020年推出的《战疫史志》为例，该报道是封面新闻在新冠肺炎疫情暴发后率先推出的系列科普式融媒专题。专题研读人类与瘟疫之间的千年纠葛，在20多天的时间里以42期共10余万字的篇幅，紧密围绕"人类对抗瘟疫"这一核心主题，多角度、全方位考察瘟疫对人类的影响和人类应对挑战所留下的经验教训，为现实和未来人类对瘟疫没有尽头的抗争留下思考和启示。在以时政性为主体的新媒体报道中，这一专题成为抗击新冠肺炎疫情斗争中新媒体报道的一大亮点，四川省网信办网络阅评组撰写专报评析，称该组报道是"少有的'学术气质'全景式反思性的战疫启示录"。

封面新闻《战疫史志》专题（扫码可阅读全文）

此类报道将新闻专业度衍生为学术专业度，将主流媒体公信力扩展为学术报道公信力，让学术以报道的方式更好地进入大众生活。

另外，针对重大选题，封面新闻也以"月"为单位制作内容产品，如封面新闻 2021 年、2022 年的"公园中国""江河中国""考古中国"系列主题报道等。

六、年级产品，塑造内容品牌影响力

以年为单位来打造的内容产品，通常可以助力媒体塑造内容品牌影响力。

以 2021 年建党百年的报道为例，新华社"我们的开箱 Vlog"为用户揭晓 100 件党史文物背后的故事，《光明日报》专题策划"建党百年英雄谱"，澎湃新闻全媒体巡展车队"建党百年，初心之路"，封面新闻"百年百篇""百问百答"系列报道，都是贯穿全年的内容产品策划。宏大主题通过宏大的叙事及贯穿全年的互动活动，有效提升了媒体的品牌影响力。

除了宏大主题，有标志性的年度品牌活动也能够提升媒体品牌影响力。如封面新闻"新青年上封面"封面人物大型公益评选活动报道了数百位各行各业的优秀新青年，展示青春风采，在年轻人群体中形成了较大的影响力。而"南方+"客户端的"广东十大美丽乡村"评选活动吸引了广东省 1451 个乡村参与，累计超 2 亿人投票，带来了较大的社会效益。

第二节 网络新闻的采集

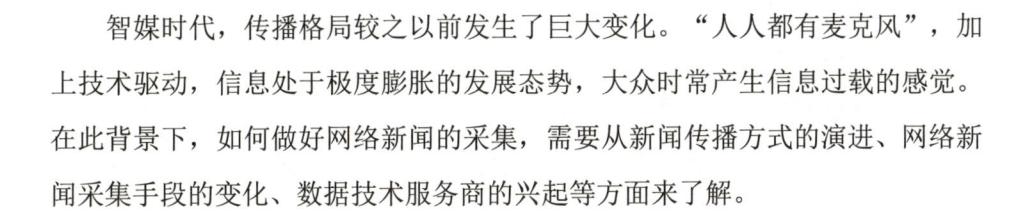

智媒时代，传播格局较之以前发生了巨大变化。"人人都有麦克风"，加上技术驱动，信息处于极度膨胀的发展态势，大众时常产生信息过载的感觉。在此背景下，如何做好网络新闻的采集，需要从新闻传播方式的演进、网络新闻采集手段的变化、数据技术服务商的兴起等方面来了解。

一、传播方式与生产力、技术的变化

网络新闻的采集与新闻的生产、传播方式紧密相关，有显著的时代特点。在了解网络新闻采集方式之前，有必要厘清新闻传播方式的变化和特点。

改革开放以来，我国的新闻传播方式大致经历了传统媒体时代、门户网站时代、移动互联网时代三个时期，每个时期的变化都是随着生产力、技术的升级而演变的。

（一）传统媒体时代的传播方式

传统媒体时代是指报纸、广播、电视兴盛的时期，这个阶段由于生产力、技术的限制，新闻传播方式基本为"金字塔"式结构，有明显的中心化特点。传播方向基本是自上而下的单向传播，核心属性是宣传服务。

传统媒体时代的传播方式特点是：传播速率、时效较慢，方向单一，生产的信息量非常有限。高质量新闻在整体传播量中占比很高。

（二）门户网站时代的传播方式

网络的产生和应用，无疑对新闻传播方式起到了重要作用。1998年，商业网站向新闻领域扩展业务，开设了"新闻中心"或"新闻频道"，并细分国内、国际、文娱、体育、军事等领域，把传统媒体内容加载到网络进行高效率传播。同时，网友对于新闻的需求也给这些商业网站带来了巨大流量，推动其新闻业务素养不断提升。门户网站时代的到来，极大改变了传播方式，呈面状发散。

门户网站时代的传播方式特点是：传播速率、时效大大提高，新闻信息量显著增加，有了明显的互动特性。

（三）移动互联网时代的传播方式

移动互联网时代的到来，使得新闻传播方式产生了巨大的变化。根据中国互联网络信息中心（CNNIC）发布的第51次《中国互联网络发展状况统计报告》，截至2022年12月，我国手机网民规模达10.65亿，网民中使用手机上网的比例为 99.8%。不仅新闻传播的介质在用户端触达上得到了极大普及，而且传播方式上有了越来越明显的大众生产的特点，人们都有能力和兴趣生产和传播新闻，呈明显的"蜂巢状"互联传播。

移动互联网时代的传播方式特点是：传播速率、时效极大提高，新闻信息量呈裂变式增加，有了显著的用户生产特性。高质量新闻信息占比下降，噪点信息过多。

二、现阶段网络新闻采集的高效方式

传统媒体的新闻采集大多由记者挖掘或群众线索提供，此种方式受时间和空间的影响程度很高，效率较低。互联网在新闻领域的应用，极大地提高了信息的存储、传播效率，构建了人与信息的链接新模式。

在智媒时代，随着传播技术的迅速迭代，网络资讯出现了裂变式的膨胀，海量信息充斥，更新速率相较于传统媒体时代、门户网站时代的天、小时级别，提升至分钟、秒级别。在此背景下，网络新闻采集方式也随着生产力、技术的驱动，发生了巨大的变化。

目前，头部的新闻资讯平台的信息采集一般包括两方面：一是接收网络新闻信息，二是爬取新闻信息。

接收的网络新闻信息，来自职业新闻生产主体和非职业新闻生产主体，通常以购买服务专线或开通各类号体等方式实现。职业新闻生产主体通常指报纸、电视台及拥有采编资格的新闻网站等；非职业新闻生产主体通常指自媒体、用户创作者等。当下，新闻生产已出现职业新闻生产越来越多地吸纳、汲取非职业新闻生产元素，非职业新闻生产专业度不断提高、越发趋近职业新闻生产的融合性的方向特征。[1]

---

[1] 杨保军、李泓江：《技术视野中的当代中国新闻生产方式变迁》，《新闻爱好者》，2018年第8期。

爬取新闻信息是利用爬虫技术，依据目标源新闻平台、新闻网站、微博等媒体平台的更新规律，进行自动采集，将非结构化数据从目标源网页、页面中抽取出来，存储为统一的数据文件，并以结构化的方式进行本地存储。该方式可根据目标源的更新频率变化而调整，做到分钟级别的成功采集。由于多数目标源网站、平台会出现重复新闻信息，采取爬取技术的平台还会利用算法技术，判重、去重，达到清洗冗余数据的目的。该技术的优点在于节约了大量人力，极大提升了数据采集效率和体量。

此外，在网络新闻采集上，新兴技术不断地得到应用，物联网、VR、AR、大数据、AI等高科技手段不断提升新闻生产活动的能力。摄像头、智能电器等各种科技终端采集海量的信息，不仅在时空转换上跃升跳级，也在传播格局上发生了巨大的裂变。

三、数据技术服务商的兴起

在移动互联网时代，海量信息也孕育出不少数据技术服务商。他们在数据采集（包括网络新闻采集）上借助技术优势，将数字报纸、网站、微博、微信、新闻客户端等全网新闻资讯，通过清洗、去重、多维度标签等操作，构成统一格式的数据信息；随后根据不同编辑的需求智能推送相应素材和数据，通过应用服务组织个性化栏目和专题。此外还有分析挖掘新闻线索、新闻热点、传播影响力等数据服务。

以目前头部数据技术服务商——杭州凡闻科技有限公司为例，该公司公布其数据服务可实现对国内1700多份数字报、21000多个媒体网站，不少于1790个新闻客户端频道、超14.6万个微信公众号、5万多个微博账号及5000多个第三方媒体号等媒体平台发布数据进行采集、处理和存储。这一数据采集、处理能力，是传统人力采集方式不可比拟的。

第四章 网络新闻的采编

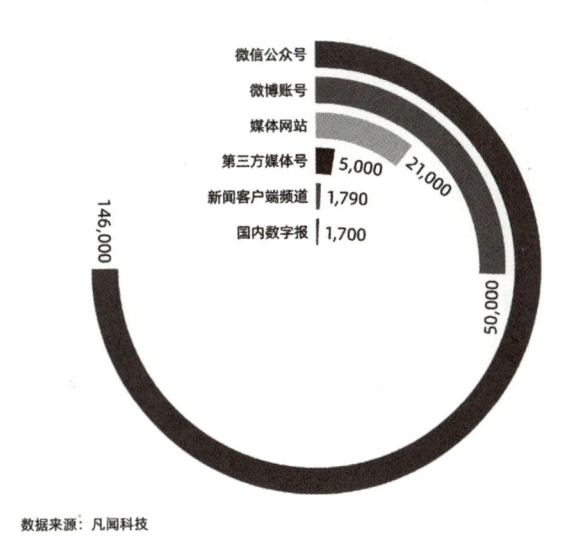

杭州凡闻科技有限公司数据采集能力图示

第三节 网络新闻的写作

智媒时代，人们主要通过网络获取新闻信息，网络逐渐成为社会最主要的传播媒介。网络新闻写作主要以多媒体为手段，将新闻事件通过文字、图片、音频和视频等形成一种新的新闻体裁，以网络为媒介传播给受众，达到良好的传播效果。网络新闻写作的能力对于网络新闻的传播效果至关重要。

"网络新闻虽然属于新媒体新闻的范畴，但也没有完全脱离传统媒体，网络新闻的来源主要还是传统媒体。"[1] 网络新闻写作同样要遵循报纸新闻写作的一些基本原则，如真实、客观、准确，同时有其特殊规律，要遵循一些新的原则。

---

[1] 杨晓玉：《新媒体环境下的网络新闻写作技巧研究》，《新闻研究导刊》，2019年第24期。

一、网络新闻写作的基本原则

（一）真实性原则

"真实性是新闻的灵魂和生命"，新闻写作必须遵循真实性原则，新闻报道的具体事实必须真实、准确。第一，写作之前要查证，确认确有其事。记者在写稿之前必须确证报道的真实性。第二，构成新闻的基本要素必须准确无误。新闻的基本要素有五要素和六要素之说，即所谓的"5W"和"1H"：何时、何地、何人、何事、何故和如何。新闻写作中，任何一个新闻基本要素的缺失，都可能招致读者对整个新闻事实的怀疑。第三，新闻中引用的各种资料必须准确无误。第四，新闻所反映事实的环境、过程、细节、任务的语言、动作必须真实。第五，新闻中涉及人物的思想认识和心理活动等必须是当事人所述。[①]

（二）实时性原则

时效性是新闻重要的衡量标准，迅捷的网络传播方式和"快餐式""扫描式"的阅读方式共同决定了网络新闻具有很强的时效性。新闻的时效性、及时性是媒体竞争的重要目标，抢到独家首发就可能抢占全网流量，一旦失去时效则无人问津。网络直播的出现，更是要求网络新闻写作必须实时更新、滚动播报，甚至现场口述播报。如2019年6月17日四川宜宾长宁6.0级地震，封面新闻是首家抵达震中的媒体，记者在前后方配合下第一时间通过网络直播形式现场口播了震中的救援情况。

（三）互动性原则

网络新闻的一个重要特点是互动性强，不像以往新闻与读者的关系是我传你受、单向传播。智媒时代的新闻更强调平等交互、双向互通。面对海量信息，用户会筛选，网络新闻必须以用户（受众）为中心，增强用户黏度，注重与网友间的互动，为其提供交流、对话的平台。如经常出现在新闻评论区的网

[①] 刘明华、徐泓、张征：《新闻写作教程》，北京：中国人民大学出版社，2002年。

友接力救人、网络寻人,就是全网协同推动新闻前进的案例。同时,网络新闻还应综合运用多媒体技术,通过动画、游戏、VR、AR、AI 等形式,使新闻的呈现更加真实、形象、立体和直观,用户参与互动的体验也就更有趣、更深刻。

二、网络新闻写作的基本特质

网络新闻具有内容海量、时效性强、传播速度快、多媒体化和超链接属性等特点,这就决定了网络新闻写作具有不同于传统新闻写作的一些新特质。

(一)网络新闻写作主体的广泛性

移动互联网时代,微博、微信、抖音、快手、今日头条等商业平台成为资讯交流的平台,人人都是新闻工作者,人人都是自媒体,写作主体非常广泛,但大部分并没有经过专业培训,网络新闻写作平民化的结果导致网络新闻质量得不到保证。因此,进一步完善互联网信息发布的相关政策和法规,加强"把关人"的作用,非常必要。

(二)网络新闻写作理念的开放性

网络新闻写作理念打破了传统媒体"我传你受"的固定传播模式,真正实现了"以受众为中心"的理念。网络新闻具有时间的及时性和空间的无限性,网络的限制性少,网友可以通过搜索引擎在网上选择自己需要和感兴趣的新闻,还可以通过各种网站和媒体平台发布信息,网络媒体会利用大数据计算,根据用户的兴趣爱好推送信息。网络新闻写作主体必须考虑用户需求,他们可以和网友进行平等交流,可以通过各种网络媒体和网友来收集新闻线索,网络媒体也给用户提供了发表评论的平台,所以网络新闻写作必须是开放的、交互的。开放的写作理念也具有两面性,"如果不以科学辩证的态度处理过多过杂的信息量,容易陷入盲目轻信不真不实的错误网络新闻,甚至盲目跟从、起哄,造成非理性的传播"[1]。

---

[1] 吴朝辉:《网络新闻写作与报纸新闻写作的差异》,《新媒体研究》,2017 年第 21 期。

（三）网络新闻写作符号的多元性

网络新闻写作的符号非常多元，除了文字，还可以运用图片、音频、视频，甚至表情包来表现新闻。尤其是"短视频+BGM"的传播方式，给用户带来了非常强烈的视觉和听觉冲击。如封面新闻 App 上有常设的云视听频道和听封音频频道，各大传统媒体也纷纷入驻抖音、快手等短视频平台。网络新闻的多媒体化、立体化对网络新闻写作主体有了更高的要求，除了文字写作，综合运用先进技术，制作音频、视频，将多元的符号运用到新闻中，会带给用户更真实的现场感，更能增强网络新闻的感染力和影响力。

（四）网络新闻写作方式的灵活性

网络的开放性、交互性使网络新闻的写作方式更加灵活，传统报纸新闻的写作和阅读模式是线性的，注重完整的篇幅和版面组合，网络新闻因具有超链接属性，不再受篇幅的局限，不再强调句子和段落的完整性，而是细屑的、分散的，一个短句可以独立成段，每个新闻点可以独立成篇，然后通过超链接或专题的形式来拼合一件完整的新闻事件。除了原创报道，二次加工也是网络新闻写作的一大特色。人人参与新闻写作，每个人自身水平不同，对同一件事的理解不同，无论是他们在评论区发表的意见，还是将已知的信息进行重新组合，都会衍生出异常丰富的新内容，对整个新闻事件有了新的意义和理解。如哔哩哔哩，很大部分的 UP 主就是通过对原创内容进行二次加工，创作出了新的内容。二次创作对网络新闻写作主体的整合能力提出了更高要求，要避免断章取义、片面偏颇、扭曲新闻事实。

三、网络新闻写作的方式与技巧

（一）分层次写作

网络新闻一般分为四个层次：第一层是新闻标题，第二层是导语或摘要，第三层是主体正文，第四层是相关链接。

新闻标题被称为"新闻的眼睛",制作好的新闻标题是网络新闻写作的首要任务,因为目前网络媒体呈现在用户面前的都是大量的新闻标题,只有标题吸引了用户的兴趣,这条网络新闻报道才会被阅读。在网络新闻标题制作中,应该注意以下几个问题:一是标题要清晰、准确描述真实的事件,确保新闻真实性;二是提炼容易被网络抓取和检索的新闻关键词,突出最重要的新闻要素;三是强调新闻事件的最新变化,以时效性和新鲜度吸引用户;四是语言简洁,掌握好网络新闻标题的长度,一般网络新闻标题单独成一行,不超过25字;五是可以放大细节、设置悬念,激发用户好奇心,但注意不能用一些夸张、过分渲染、带有强烈偏见的词汇,避免成为"标题党",可以多使用动词,使用正能量的网络用语,使用修辞手法,但不宜用暗喻、隐喻表达,避免晦涩难懂,不知所云。制作高质量的新闻标题对网络新闻非常重要,具体在"网络新闻的标题"一节做详细介绍。

导语或摘要的作用是简要介绍文章内容。在快速浏览的阅读模式下,很多网友甚至只看标题和开头一两段便会转移到下一篇文章,所以网络新闻写作中需要注意导语或摘要的写作技巧,才能概括地将新闻内容呈现在搜索引擎和网络媒体的资讯列表中。导语或摘要的写作应当注意:一是语言简洁,高度概括新闻内容和最新鲜、最重要的信息;二是导语或摘要一般放在新闻正文的前端,制作容易检索的关键词,精心设计链接,更好引导用户阅读;三是不可过于夸张,在尊重新闻事实前提下可以预留悬念,引发用户继续阅读的兴趣。

网络新闻的正文创作同传统新闻创作有一些差异,这是因为网络新闻受众的阅读方式同传统媒体受众的阅读方式不同。网络新闻受众主要为扫描式阅读,不像阅读传统新闻那样逐行式阅读,这就要求网络新闻能够突出新闻重点,把握好这几个方面。第一,设置一个介绍新闻主要内容的段落,帮助读者把握新闻核心;第二,在正文每段开头都运用主旨句,让读者更好地理解本段内容;第三,将新闻内容以重要性为依据做好排序,把重要的信息放在前面,让读者更有效地抓住新闻重点。①

相关链接是分层次写作的第四层,也是网络新闻写作中实现新闻立体化的重要组成部分。具体包括超文本、超链接,以及网络新闻背景写作等。

(二)超文本写作

网络新闻写作形式是建立在超文本这一核心技术上的,超文本的最重要特征是信息的多媒体化或以超媒介形式存在。一篇报道可以是文字、图片、声音和图像的组合,通过超链接使信息之间产生联系,使得网络新闻的文体不再是传统媒体的线型结构,而是网状结构与多维结构。②

超文本、超链接是实现网络新媒体新闻特色的一个原因,它挣脱了传统媒体在时间、空间上受限的情况,在力所能及的范围内全方位、纵横结合式、图文并茂地报道发生的或备受关注的事件。

对于深度报道而言,灵魂在新闻背景。延伸性文章是一篇新闻稿中不可或缺的重要组成部分,是受众了解新闻信息的主要途径。而网络新闻"超链接"带来的结构特征,信息传播多元化和个性化使网络新闻的内容在理论上具有无限的扩展性与丰富性,这为在报道中提供广泛、多样的新闻报道相关背景材料与网络媒体所要传达的整体新闻信息创造了条件。

网络新闻背景写作通常有两种方式:第一种方式是对新闻背景材料的链接,将新闻背景与新闻事实融合在一起,穿插在主体部分,也可插在导语或结语之中,而不要成为独立的结构;第二种方式是对相关新闻信息的链接,是把丰富的新闻背景材料与主要新闻事实区分开来,放在不同的网页上,通过链接提供相关新闻报道的延伸性阅读。

(三)互动式写作

网络新闻是交互性非常强的新闻,网络新闻写作必须遵循互动性原则。

---

① 杨晓玉:《新媒体环境下的网络新闻写作技巧研究》,《新闻研究导刊》,2019年第24期。
② 刘明华、徐泓、张征:《新闻写作教程》,北京:中国人民大学出版社,2002年。

"互动式写作即改变传统媒体写作对受众灌输式的信息单向传播为与受众之间的平等的双向传播。"[①]

一般来说，每篇新闻都可以即时和随时接受用户的主动反馈和互动，有些网络新闻本身就是在用户的互动中完整形成的。具体地说，受众在新闻写作中的能动参与，更多的是对某些新闻的评论，并把它置于网上，而专业新闻工作者会从这些反馈中寻求新的新闻线索。微博、微信、抖音、今日头条和网易等网络媒体给用户提供了诸多发表意见的平台，用户在留言区的跟帖、讨论相当于参与了一个新闻事件的书写，丰富了新闻的意义。又如，知乎和腾讯文档就可以通过网络让许多人对文章进行同步写作和修改。

（四）即时滚动式写作

即时滚动式写作即改变传统媒体的单篇静态报道，呈现为多篇滚动的动态报道。在简单的事件报道之后，专业新闻工作者根据阅读量及关注度，往往需要进行相应的深度挖掘和报道。持续关注度越高，相应的深度挖掘和报道就会越多，新闻写作的动态性就越持久。此外，当发生突发事件时，网络媒体的专题报道、图文直播、视频直播、事件时间线梳理等都属于即时滚动式写作。

四、网络新闻写作的问题与对策

现在"人人都是自媒体"，而网友的新闻写作水平良莠不齐，部分自媒体片面追求流量，无底线迎合受众，造成当下网络新闻写作出现了一些问题，如"标题党"泛滥、内容低俗化、过度炒作，以及随着AIGC技术发展出现AI合成虚假图片、视频因素，使网络新闻的真实性和新闻媒体的权威性遭受挑战。

针对这些问题，相关部门和网络平台开始实行网络实名制。目前各大网络社交媒体纷纷上线了显示IP属地功能，政府部门和主流媒体也通过网络发布

[①] 刘明华、徐泓、张征：《新闻写作教程》，北京：中国人民大学出版社，2002年。

权威信息，开设辟谣专栏，整治网络谣言，这些举措在一定程度上对新闻作品的制作者起到了警示作用，但成效不彰。

"要使得网络新闻健康发展，需要建立一套合适的监察与审核体制，对新闻平台和制作者作出合理规定，来为网络新闻的发展保驾护航"[①]，不过在自由和约束之间很难保持平衡，既担心过度自由导致无序，又担心"一管就死"，使网络新闻缺少活力。解决网络新闻写作面临的问题，也需要受众本身提高阅读素养，提高辨识能力以及社会责任感。政府与市场的协调配合，受众与新闻平台的良性互动，必然会推动网络新闻的良好发展。

第四节　网络新闻的编辑

网络信息技术飞速发展，新媒体方兴未艾。新媒体与传统媒体之间不能简单地理解为取代关系，而是迭代关系。对于最为核心的业务岗位——编辑工作也要通过迭代升级迎合新媒体发展的需要。编辑工作在因媒体融合发展不断创新升级的同时，更要坚守传统新闻人的基本素养，树立牢固的底线思维。对新媒体和传统媒体的编辑制度，应始终坚持"一把尺子量到底"，统一标准、统一要求、统一底线。

一、新媒体和传统媒体编辑的坚守

（一）严守底线不变

无论是传统媒体还是新媒体，都要遵循新闻传播的基本原则，确保新闻的

---

① 周嘉宾：《网络新闻写作的问题及对策》，《新闻前哨》，2019年第6期。

真实性和实效性。在信息传递过程中保持事情本来面目，确保新闻的客观性，是新媒体和传统媒体编辑都必须坚持的底线。

在新闻报道中，会涉及政治方面的新闻报道，这就需要编辑人员能够对我国的宏观形势及政策进行把握，政治敏感也是新闻敏感的核心。在新闻编辑工作中，政治敏锐性是每个新闻从业人员必须要掌握的基本素质。编辑人员具有较强的政治敏感度，才能够准确把握新闻事件，才能够遵循党性原则与新闻规律的有机结合。

（二）创新追求不变

相比传统媒体，新媒体最为直接的表现是传播媒介和传播技术的改变。在新媒体时代，信息传播呈现主题多元化、内容海量化、传播方式群际化的特点。新媒体编辑要充分应用新技术，守正创新，在新闻生产和传播过程中做到党性和人民性的相统一，将有主流价值的新闻传递给受众，弘扬社会正能量。

万事万物都处在不断发展变化之中，而创新是推动世上万物不断前进的动力。无论是新媒体编辑还是传统媒体编辑，都需要更新自己的知识库、能力仓，不断提高创新能力，为读者提供更多更新颖的新闻产品。

（三）"风控"制度不变

随着新媒体深度融合向纵深发展，新媒体的新闻内容和形式也越来越丰富。在内容带来高流量的同时，巨大的内容风险也藏身其中。色情、低俗、暴力、恐怖、血腥等不良、有害信息不仅危害互联网平台的内容生态，更可能导致安全问题，使业务发展遭受损失。

内容安全就是新闻从业者的风控命门。做好网络及意识形态安全保障工作，始终是媒体的第一基石和工作的头等大事。新媒体发稿必须严格遵守发稿规范，承袭传统媒体的"三审三校"制度，切实把好政治关、法律关、保密关、文字关。

二、新媒体与传统媒体的转变

（一）"有面儿"：形式上的改变

与传统媒体的版式设计逻辑不同，现代传播界面设计更加强调用户体验，UI（用户界面）设计作为新闻的显示器，其重要性不言而喻。当下，受众逐渐年轻化，对内容阅读的感受并非只停留于文字表达，而是一个对阅读产品外在包装、内在内容综合感知的过程。平台不断优化UI，设计更潮，稿件在这样的包装体系之下更好地被展示出来。

2023年5月4日，封面新闻客户端迈入9.0版本。在新版本中，封面新闻持续落实"用主流价值导向驾驭'算法'"的要求，坚持真实、权威、主流、专业的采编思路，全力捕捉那些真正值得关注的新闻，并通过主流价值算法及杂志化、卡片化的视觉呈现，让用户第一眼就能获取最需要、最关切的信息，避免信息过载烦恼，让流量与价值双向奔赴。

封面新闻UI界面采用杂志化、卡片化的设计

封面新闻此次迭代更加注重互动传播。在9.0版本用户可以为自己创建数字分身，拥有专属动态数字形象，以数字人的形象邀请用户到虚拟空间互动，聊一聊新闻事件、谈一谈观点态度。此外，封面新闻还构建了小小的"科技元

宇宙",将科技频道打造成了沉浸式交互体验空间,用户可以变身"小封"机器人,以数字分身的形式行走、跳跃,进行全场景的互动。

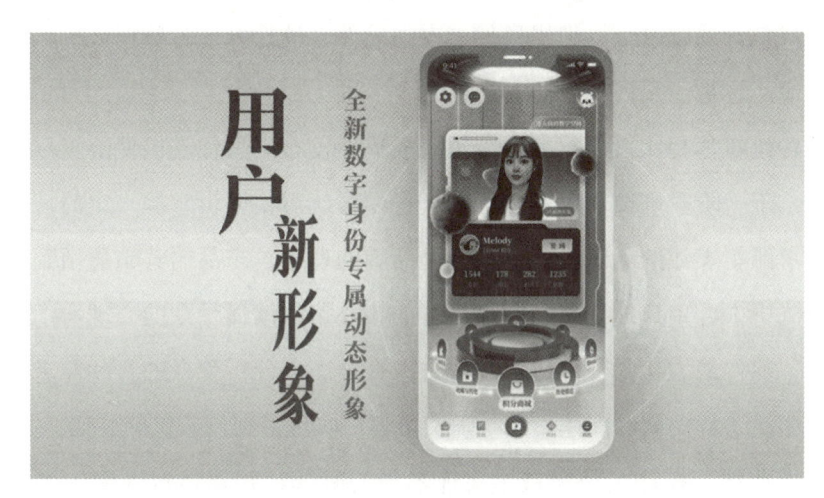

用户可创建数字分身在虚拟空间进行互动

(二)"有里子":内容上的革新

新媒体时代是做优质内容还是互动为王?其实,互动只有伴随优质内容才能让用户产生共鸣,没有优质的内容何谈互动。所以,不管内容形态如何演变,优质内容始终历久弥新。

对于新媒体时代"快餐新闻"的侵蚀,《光明日报》法律顾问黄晓就表示:互联网时代没有必要把内容都碎片化了,公众更需要深度报道,人们不可能天天吃快餐,读者也需要新闻大餐。

作为媒体,核心竞争力就是优质新闻内容的生产能力,尤其是原创内容的生产能力,以及按照媒体的发展规律在大小决策中协调和组合自己优势的能力。

相对而言,专业媒体最大的优势在于报道的权威性,所以,舍本逐末的做法并不可取。有优质内容做底座,汲取新媒体时代的传播手段和传播规律,辅以活泼的语言和独特呈现方式,走心的报道都会有生命力。

（三）新模式：流程上的转变

伴随着新媒体时代的到来，网络新闻编辑工作远不止于传统的采、写、编、评，包含选题策划、编辑稿件、审阅稿件、稿件推广、数据分析、用户互动，等等，这是一系列复杂的工作。

与传统媒体相比，网络媒体编辑完成稿件发布，只代表稿件编辑环节工作的结束，下一阶段则要转入稿件运营流程。这就需要编辑掌握一定的营销推广知识，了解新媒体的运营模式，并能将品牌的理念、产品的营销囊括到内容及传播方式中去。用户思维是新媒体运营的核心，即读懂受众的心理，了解受众的痛点，抓住最大化曝光的时机；建立大数据库，分析受众的实际需求，调整传播策略；了解受众的阅读习惯与消费习惯，实现潜在用户的转化等。

综上所述，在这个信息技术飞速发展的时代，新媒体对人们的生活产生了巨大的影响。网络新闻编辑人员更应不断提升自身的专业素养，提升选题策划的能力，积极利用新媒体的传播优势、渠道优势来进行新闻信息传播，满足受众个性化需求，加强胜任媒体营销和全媒体报道的能力，这样才能全面提升网络媒体编辑在面对媒体大环境挑战下的竞争力，在残酷的市场竞争中保持优势。[①]

第五节 网络新闻的标题

在网络新闻传播中，新闻媒体网站通常采用新闻标题集中组合的引导式版面布局，新媒体客户端上呈现的主要是小图加新闻标题列表。在这样的版面结

[①] 傅玥：《新媒体编辑能力拓展及应用探析》，《传播力研究》，2019年第36期。

构下，每条新闻的深层内容需要通过点击标题的链接才能索取。因此，新闻标题在网络新闻传播中的重要性就更加突出了。可以说，"新闻标题已经成为用户决定是否索取深层内容的第一引导力量"[①]。

网络新闻的标题承担着双重功能：一方面，标题是网络新闻多级阅读的起点，是新闻内容最基本层次的提示；另一方面，标题担负着吸引眼球，引导下一步阅读的作用。[②]好的标题会吸引、引导用户点击链接，索取下一层新闻内容，而不好的标题则成为深层新闻内容展示的直接障碍。网络媒体要想吸引用户继续阅读深层内容，就必须强化"标题意识"，在标题的制作上下大功夫，让新闻标题对用户具有不可摆脱的吸引力。

一、网络新闻标题的制作原则

网络新闻标题和报纸新闻标题的制作都要遵循一些基本原则。一是准确性。"真实性是新闻的灵魂和生命"，标题必须准确描述新闻事实，在快餐式、扫描式阅读时代，很多读者只是浏览标题获取信息，标题的准确性更显得重要。二是简洁性。网络新闻标题虽然大多只有一行，但有字数限制，必须用最简洁的文字将新闻中最有价值、最生动的内容传达给读者。三是突出重点。标题制作力求简洁，必然要求重点突出，啰嗦、空洞、次要的信息能删则删，如果什么都想在标题中反映出来，读者反而抓不住重点，不知所云。四是通俗生动。在保证准确的前提下，生动活泼的文字更能吸引读者。

---

① 高钢：《怎样为网络媒体写新闻——网络新闻写作特殊规律的探讨》，《新闻战线》，2004年第4期。
② 徐文静：《浅析网络新闻的"标题党"现象》，《重庆三峡学院学报》，2009年第1期。

二、网络新闻标题的特点

（一）题文分离

网络新闻的标题和正文不呈现在同一个版面。由于信息量大、屏幕小，一个页面要尽可能多地呈现内容，只能将标题制成列表形式，标题只是正文的一个引导链接，要看更多信息必须点击进入下一个层面。所以，网络新闻的标题既要突出新闻要点，又要有吸引力。

（二）单行为主

受页面空间限制，报纸新闻使用的多行复合式标题（引题、主题、副题）不再适合网络新闻传播环境，网络新闻标题多为单行标题，往往只用简洁、生动的一句话将新闻的要点概括出来，网友只浏览标题就可获知新闻的主要内容。

（三）多用实题

网络新闻以单行题为主决定了网络新闻标题多用实题。传统媒介的新闻将新闻标题分为实题和虚题，实题的特点是记事的、具体的，虚题是说理表意、抽象概括的。网络新闻大多只有一行标题，必须在有限的字数内简明扼要地点出一个或几个新闻要点，传达最重要的新闻事实。

（四）时效性强

网络新闻内容海量，同质化高，传播快速，覆盖面广，比传统媒体更强调时效性。如今，众多媒体在同一个网络赛场，拼抢首发信息、独家信息、热点信息，人无我有固然好，人有我也必须有，在大家都有的情况下，必须从已有的信息中挖掘出新的新闻点。网络新闻的标题必须是新鲜的、具有时效的。

三、网络新闻标题的制作

结合网络新闻报道的实践，具体而言，网络新闻标题制作有如下技巧。

（一）简短精练，抓住要点关键词

在传统媒体新闻标题的设置中，在引人关注的同时更需注重语句的完整性和事实的还原程度，相比之下，网络新闻的标题更关注关键词和具有冲击感的词汇。[①] 网络新闻标题一般不超过 25 字，有限的字数内不可能面面俱到，标题务必简短、精练，只需突出最重要的新闻要素，寻找最新鲜的新闻点，保留容易被搜索引擎识别、抓取的关键词。如封面新闻微信公众号的《拜登，确诊！》、新华网的《朱婷，已报案》，这些标题就是只保留了核心信息，"拜登，确诊！"字少事大，而朱婷是球星，不了解情况的用户会被激发好奇心，想进一步了解情况的用户则获取了事件的最新进展。

（二）使用通俗易懂的口头语言

网络新闻始终以受众为中心，网络新闻的写作要具有亲和力，网络新闻的标题也要用朴素、直白、口语化的语言将主要内容点出来。如央视新闻微信公众号的《评论｜日本女防长南海问题"吐口水"非要"不撞南墙不回头"？》《偷窃还敢对监控比"耶"，民警蜀黍"有力"回击：让你皮！》，这些口语化的表达简洁易懂，拉近了与读者的距离。

（三）善用网络词汇，尤其是流行语

制作网络新闻标题时，应从受众的视角出发，适度使用网络流行语，使新闻标题通俗易懂、生动有趣，凸显新闻事件的亮点，从而拉近媒体与广大受众的距离，赢得用户好感。比如《人民日报》微信公众号以《YYDS！中国举重梦之队》为标题，报道了中国举重队在东京奥运会上的成绩；封面新闻也以《YYDS！中国就是这么红》为题，回顾了中国体育健儿的夺金时刻。

需要注意的是，对网络流行语要分场景、分平台、分语义使用。专业的报刊，需要用网络流行语中相对规范的汉语词语；新型主流媒体的客户端，代表

[①] 吴琼：《新媒体语境下主流媒体微信公众号新闻标题特征研究——以人民日报、新华社、央视新闻为例》，《新媒体研究》，2021 年第 2 期。

着主流机构的官方平台，使用网络流行语也需慎重；而抖音、快手、微博等平台，适度的娱乐性和流行性的表达可以有效提高其关注度，增强账号的用户黏性。如"社交牛逼症""社会性死亡""夺笋"等含有庸俗、暴戾倾向的网络流行语，是不适合在新闻标题中出现的。而"正能量""破防""双减"之类的正向或中性词语，则可以使用。[1]

（四）表达情感共鸣点，增强感染力

传统媒体在报道中强调客观、冷静，情感比较克制，网络新闻相对没有那么严格的要求，可以把价值判断和心理感受融入标题中，寻求大众的共鸣，使读者在阅读标题时受到强烈感染。如在标题前加上"暖心""看哭""狂笑""愤怒"等，以表达新闻写作者的价值判断和心理感受。央视新闻微信公众号的《致敬"疫"线最美的巾帼英雄！》，就表达了对女性英雄的赞美和关怀。

（五）营造悬念或反差效果

网络新闻标题的主要功能就是吸引读者点击，设置悬念和反差效果可以激发读者的好奇心，引导受众点击标题，进入下一层阅读。如新华社微信公众号的《心酸！老人原地摆摊等儿30年，终于找到了，可是……》为读者制造了足够的悬念，新华网微信公众号的《不到30岁，他侵吞公款近7000万》《女儿打针，爸爸哭得比孩子还惨！网友开始担心》等标题则体现出反差感，勾住读者的阅读兴趣。

（六）巧用修辞，增强美感和趣味

网络新闻标题可以做到雅俗共赏，既可以使用通俗的口语和流行语，也可以使用文学修辞手法，使新闻标题具有文学气息和艺术美感，充满趣味。如可以多用比喻、拟人、对仗、双关、叠词、顶针等手法，但不宜用暗喻、隐喻表达，避免晦涩难懂。如央视新闻的《"头"等大事！无缓冲层、强度不够……

---

[1] 周琪：《网络流行语是否适合入新闻标题》，《青年记者》，2022年第2期。

超七成电动自行车头盔不合格》、新华社的《"齐"心"鲁"力 |"鲁南粮仓"喜开镰》标题巧用了双关;《人人人人人》《冷冷冷冷冷冷冷冷冷》《故宫又又又又又又火了!而这次竟然是因为……》,这类是用了叠字、叠词,后者还设置了悬念。

(七)善用数字和标点符号

用数字来直观、醒目地说明新闻的价值性,更加准确、具体地表达新闻内容,更具说服力。如新华网标题《100000000 年前的蛋》就比《1 亿年前的蛋》更醒目。网络新闻标题可以大量使用问号、省略号、感叹号等标点符号,有利于刺激情绪、唤醒情感,使用户产生情感共鸣,从而引起互动,如《人民日报》的标题《警惕!警惕!警惕!》用六个字和三个感叹号,表达了强烈的情绪。[①]

(八)借用直接引语,带出画面感

网络新闻标题借用直接引语可以呈现现场感、画面感和真实感,使标题更加鲜活和生动。如《"你们先别说话,我老婆给我打电话了"》《"你脖子上流血了 有个大蚂蟥在吸血"》,一读标题,画面感就出来了;再如新华社的《"花 6 亿美元修中央空调"?呵呵……》,读者看到这一标题会觉得这事不可能,新华社则用直接引语告诉读者,某些外媒就是这样诬陷一家中国机构的,就是这么夸张和荒唐。

(九)重视标题的配图

新媒体客户端列表标题一般配有列表小图,微信公众号推文的标题也配有封面图。新闻标题的配图并非无关紧要,除了美观,也是形成视觉冲击、吸引用户眼球的重要元素。新闻现场图片或新闻人物图片能直观展现新闻事实,达到吸引受众点击阅读的效果;带文字的图片或具有其他指示意义的图片可以和

---

① 唐佳雯:《新媒体时代网络新闻标题创新策略——以〈人民日报〉、新华网微信公众号为例》,《声屏世界》,2021 年第 22 期。

标题相互配合、补充，赋予整条新闻稿件更丰富的内涵。

四、新闻标题中需注意的问题

任何事物都有两面性，网络新闻标题制作技巧的运用也要适度、分场合，具体问题具体分析，如果使用不当，只会适得其反。比如，"贴标签"容易片面化、固化认知偏差，过度情感注入则流于煽情，过分追求简短则造成表达不清。如媒体的一些标题为"服！""超19亿了""就在今晚18：30""就在8月20日"，让人不知所云。

使用网络流行语，也容易陷于模式化套用，大量雷同，让人厌倦。如"刚刚"体、"燃爆"体，还有媒体报道火箭发射成功的标题用的是"好看到原地爆炸"，这就是不分场合套用流行语，引起歧义。还有"震惊"体、"凶险"体等，通过夸大事实，引起读者心理恐慌，误导读者。

为了新闻标题的准确、有效，还要防止文不对题、张冠李戴，防止使用虚题、流于口号化，如"取得了新成绩""大力实施""××会议在××召开"等。

移动互联网时代初期，不少自媒体为了吸引眼球，不惜使用媚俗、低俗、恶俗的手段对新闻标题进行包装。个别自媒体稿件或商业平台的资讯标题还使用"色情、裸体""恐怖、暴力"等元素，这都是为吸引眼球，刻意为之的。经过整治，如今"标题党"现象已经极少。这些缺乏实际内容、戏弄受众的新闻标题，在短时间内可能会带来一定的流量和阅读量，但会严重降低其发布平台的品相和公信力。因此，作为智媒时代的编辑，应始终杜绝将标题媚俗化、低俗化，拒绝当"标题党"。

第五章　视频新闻的制作

我们常说"无视频不新闻",如今视频已成为人们获取资讯的常态化形式,优质视频的产出是媒体融合发展的关键着力点。随着传播形式的转变,记者也在加快转型,文字记者和摄影记者的边界已逐渐模糊。以往,文字记者只负责新闻现场稿件的编写,现在还需要拍摄剪辑,配发相关视频稿件。新闻报道方式和技能的升级,促使采编人员要用更全面、更直观的现场来呈现。面对一个突发的或复杂多变的新闻现场,可能很难用一两百字的短稿件或者消息类的文字报道描绘清楚,而通过视频的方式来呈现,能一目了然,使报道更为生动。那么,如何制作新闻视频?新闻视频化要如何去呈现?

第一节　新闻视频化呈现要素

一、常规新闻

如今，常规新闻事件以新闻短视频为首要传播形式，因为视频弥补了文字叙述中的不足，网友更喜欢从新闻标题一目了然知道事件的内容，并通过视频开门见山的形式直接看到核心内容。所以，在新闻视频中，要把新闻的重点放在前面。重点可以是人物、动物，或者某个物体的某个瞬间，如火箭发射、医生救人、熊猫产仔等。

在保证重点的同时，画面的视频质量也是视频呈现的要素。对于前期的拍摄，有策划的选题可以使用一些专业设备进行画面的捕捉，如单反相机、摄像机、运动相机等。如果是临时、突发的事件，就需要借助移动设备，如手机等。在拍摄中，要利用镜头的推、拉、摇、移、跟来保证画面的内容，使用全景、中景、近景、特写等来丰富视频的层次和重点。需要注意的是，在拍摄中要尽可能完善新闻的五要素（何时、何地、何人、何事、何故），如若前期素材有限，就需要后期的包装来完善新闻事件的画面完整性。前期的拍摄固然重要，后期的包装也不可或缺。这个后期就包括了对前期拍摄画面的挑选、字幕的添加、配乐与音效的使用等。[1]

（一）画面的挑选

画面是提升视频质量的基础。与文字稿件表达不同，视频表达是画面优先，需要合理选择画面，在保证画面清晰度、稳定性、不卡顿的同时，将事情的来龙去脉讲清楚，让受众一目了然。对于核心画面只有短短几秒钟，无法对

---

[1] 王雅贤：《新闻短视频的基本要素和制作要点》，《新闻与写作》，2020 年第 1 期。

画面进行选择的情况，就需要通过后期剪辑处理这些画面，如将核心画面反复播放、放大或缩小，标注重点定格画面，再搭配文字等，可以起到强调的作用。

（二）字幕的添加

字幕是新闻短视频的必备要素。首先，字幕可以增强观众的理解力和记忆力；其次，它可以起到补充说明的作用，做到承上启下，让视频的逻辑更为顺畅；最后，字幕可以让观看视频的场景更加自由，受众不管是在嘈杂的地铁还是安静的图书馆，都可以关掉视频声音，通过字幕来了解视频内容。就新闻类短视频来说，字幕应该标注时间、地点、人物、事件补充说明等，这既是消息的基本构成要素，也是新闻短视频字幕必不可少的元素。

（三）配乐与音效的使用

一个完整的短视频是由声音和画面组成的。合适的背景音乐是短视频渲染气氛的重要手段，如温暖的正能量新闻可以搭配轻快的背景音乐。合理使用配乐，能够增强受众的感官体验，再适当增加一些音效，可以让视频层次更丰富，延伸视频的画面空间感，更好地将受众带入视频所表达的意境之中。

二、抽象的新闻信息

对于一些视频画面难以获取但又具有价值的新闻，可以利用网上信息，拼凑出一个完整的事件。最直观的就是利用 3D 建模来模拟还原新闻事件，其中也穿插网络上仅有的图片。

需要注意的是，一定要找权威媒体的相关素材进行视频还原。如发生在 1992 年的南医大女生被杀案。时隔 28 年，因警方采集了嫌疑人亲属的 DNA，发现与事发时人员的 DNA 比对数据完全一致，随后警方对嫌疑人进行了抓捕。封面新闻前期通过搜集当年新闻事件中涉及的案件图片，按照合理的顺序在片头进行了拼接，并在中间重要环节，利用 3D 建模还原了被害人在何时、何地被杀害的过程，在结尾插入了嫌疑人被逮捕的画面。整个视频配以字幕、旁白进行重点说明，使画面更加清晰和完善，让受众通过100秒左右的视频快速了解了事情过程和结果。

扫码阅读
《3D还原 | 1992年南医大女生被杀案侦破全过程》

《3D还原 | 1992年南医大女生被杀案侦破全过程》

很多时候，一些机构发布的信息通篇都是大段的文字和数据，很难找到匹配的画面和图片，让受众读着有些费劲。对于一些数据类的新闻、较为抽象的新闻信息、科普类新闻的视频，可以借助MG（Motion Graphic）动画的可视化来呈现。MG动画新颖简洁，可承载信息量大，能在极大程度上满足受众对于信息的需求，把文字内容转化为易懂、有逻辑的动态图形。与传统动画相比，MG动画更加简约、灵动，具有趣味性、包容性和互动性。

扫码阅读
《战疫MG⑨ | 新冠肺炎防控期间即将返岗人员需要哪些防护？》

2020年面对突如其来的疫情，各种媒体的资讯铺天盖地，部分受众很难在这些信息中甄别出真实可靠的信息。这时，不少媒体不约而同地选择采用 MG 动画进行科普。封面新闻是首批运用 MG 动画来进行科普的媒体之一，每期用简短的文字、易懂的画面，在两分钟内科普如何科学戴口罩、如何科学使用酒精消毒、如何科学寄取快递等相关防疫知识。

封面新闻战疫 MG 动画

所以说，新闻视频化的呈现是多样的，产出优质的新闻视频作品需要采编人员对新闻短视频策划、拍摄、传播全过程的参与和摸索，站在受众的角度思考问题，制作出受众感兴趣的视频内容。

第二节　爆款视频新闻案例分析

一、爆款短视频的生产

（一）新闻短视频的发展

1972 年雷·汤普森发明电子邮件，具有划时代意义，不仅使人们的沟通交流更加便捷，而且直接催生了网络新闻。

20世纪80年代末，电子邮件在欧美国家流行，但大家很快对电子邮件只能点对点的传输开始不满，于是一种电子邮件发送清单（又称邮件列表）的软件被开发出来，实现了邮件一点对多点的文本与图片的同时传输。

电子邮件发送清单只盛行了不到一年，人们又开始不满，因为用户增长太快。于是，电子公告牌应运而生。电子公告牌解决了邮件列表不能解决的成千上万人参与信息交流与文件发送的问题。在电子公告牌上，每个进入的人都能自由地张贴发表自己的消息和意见。

随着互联网的迅速发展，受众阅读习惯日益碎片化的时代到来，新的交互方式、多媒体表现手法的不断变化以及海量数据的生成与应用为新闻报道提供了全新的发展方向。媒体面临生产方式和传播能力两方面的考验，从载体转型不断转向思维转型，生产方式和生产逻辑都发生了较大变化。为实现突围，媒体要满足用户价值取向、流量价值的标准，以正能量内容和轻量型视频的策略打造大流量的爆款资讯短视频。我们把内容的传播理解为人体的延伸，用眼睛接受新闻最容易，听觉次之，观看文字报道则最为困难。所以，媒体力求将新闻中的每个场景通过可视化的方法呈现，形成了全场景、可视化新闻的生产理念。其本质是让内容传播变得更加容易，其动力是媒体工作者在新的传播环境下想要满足更多受众的渴望。

（二）生产能力的革新

技术是引领新闻行业变革和发展的首要因素。制作出一篇有深度、有内容、有吸引力的新闻短视频，必须要借助技术，那么怎么让两者融洽地结合起来呢？建立科技赋能泛内容生产的传播体系，始于传统主流媒体的去介质化转型，人们不再以报纸、电视、广播、网络来区分媒体形态，而是以内容科技为核心重新定义新闻内容生产。

如今，新技术广泛应用于新闻作品中。如每年的两会报道，各家报道不断创新，彰显着媒体融合的深入发展。我们来看 2022 年各家媒体的视频案例：

央视新闻联合百度推出的"开局之年'hui'蓝图"系列视频报道

央视网推出的全国两会先锋谈话 XR 直播节目《中国神气局》

这一系列作品推出后，两会点击率陡然飙升，老百姓都能读懂两会。甚至，现在 AR 技术让用户可以在现实世界中通过手机、平板电脑或 AR 头戴设备，与虚拟元素进行交互，包括数字图像、音频、视频和 3D 模型等，以获取更多的信息或提供更全面的体验；VR 技术通过模拟数字化场景或事物，为用户提供完全虚拟的感官体验；XR 技术旨在创造一种数字与现实世界之间无缝过渡的混合体验，既可以在真实环境中叠加数字内容，又可以在虚拟环境中加入真实元素，为用户带来更加丰富和真实的交互体验。这些技术都在新闻作品中出现，让媒体在短视频赛道中轻松超车。

（三）传播能力及渠道建设

谈到爆款短视频，人们提及的多是表面特征，如极高的播放量或冲上社交媒体热搜榜等。建设自己的多渠道社交媒体账号，运营全渠道账号，同时一个内容多渠道发布，也很重要。媒体的矩阵分布直接影响内容的发布，"酒香也怕巷子深"，内容的分发运营、产品化运营非常关键，如果没有好的运营，好的内容根本传播不出去。

二、新闻短视频分类

当前，新闻短视频可分为信息型、叙事型两种。不同类型新闻，呈现方式也有所不同。

（一）全场景、可视化新闻短视频

制作全场景、可视化新闻，仅靠记者一线采访获得的素材是难以较为全面地还原现场的，还需要编辑和视频制作人员做大量的后期素材收集、内容制作工作。因此，我们把此类新闻现场细分为三个模块：记者采访到的现场、通过渠道建设获得的现场、通过内容科技还原的现场。除了记者采访到的现场，剩下的两个现场衍生出了科技赋能内容生产的两个重要部分，一是专业拍客生产体系建设，二是 XR 技术、可视化新闻技术体系的应用。通俗来说，就是全媒记者负责专业新闻采访，拍客负责提供第一手现场素材，内容技术团队负责可视化呈现，这样的内容生产分工就是全场景、可视化的生产体系。"技术+传媒"赋能的泛内容效应已经开始显现，而这一切变革都源自新闻人想要更多人阅读和观看新闻的小小理想。

以封面新闻为例，2020年1月17日14时56分，网友"@露小宝LL"发布微博称"趁着周一闭馆，躲开人流，去故宫撒欢儿"，并晒出两名女子与黑色奔驰越野车合影的照片，背景是故宫博物院太和门广场。随后，该微博迅速引起热议。[①] 事情发生后，封面新闻迅速寻找事件还原报道的角度，据开车进入故宫的博主自称，她是开车从西华门进入故宫的。在故宫官网中，有明确的开放区示意图，与其他区域泾渭分明。据故宫官方示意图，西华门进入故宫有一小段未开放区，太和门广场是开放区，无论从哪条路线进入到太和门广场，均违反了故宫"所有车辆不得穿行开放区"的规定。

随后，封面新闻视频中心通过3D数字模型雕刻，加引擎场景模拟的方式，快速高效地通过3D场景还原故宫地形图，让网友清晰地看到故宫的开放区和未开放区。该视频不仅让观众了解女子驾车闯故宫的真相：从哪个门进入都违规，也为观众做了清晰的解释——故宫为何禁车。该视频发布之后登上微博热搜，观看量达919万次，是一条热点事件运用新技术手段呈现的爆款视频。

（二）数据新闻视频

数据可视化的表现形式多样，有文字、静态信息图、视频、动态交互、数据应用等，目的在于帮助读者理解内容，优化读者阅读时间。数据可视化制作过程中，一定要注重细节，如过多的色彩会使作品繁杂，构图的视觉中心应是作品的表现主体，作品中的标题、正文和注释可以选用不同的字号和字体样式，以突出字段的视觉中心，增强作品的表现力等。可视化应该是服务于传播

---

① 滕晗、代睿：《"女子开奔驰进故宫"引热议 此前多名网友曾炫耀"开车进宫"》，封面新闻，2020年1月17日。

的，无论是哪一种美学风格，只要是有利于传播的都值得被推荐。

2020年底，成都轨道交通大方阵里加入了5条新线，包括6号线一、二、三期，8号线一期，9号线一期，17号线一期，18号线二期。2005年12月28日，成都地铁1号线一期破土动工，成都城市轨道交通序幕拉开。2017年，成都轨道建设安上"加速器"，大力推进轨道交通加速成网，建设速度不断刷新——2017年建设里程达到446.3公里，2018年建设里程达到375.3公里，2019年建设里程达到433.6公里，2020年建设里程达到391.3公里。建设高峰期有13条地铁线路超过400公里同时在建，170台盾构同时掘进，建设强度连续多年保持全国前列。封面新闻以数据可视化的视频，生动呈现了这一跨越式发展画卷。

扫码阅读
《成都地铁年终盘点：冲破500公里，驶向大线网运营时代》

封面新闻《十年间看成都地铁发展》

（三）动画科普视频新闻

近年来，MG（Motion Graphic）动画被广泛应用于多媒体平台，凭借自身变无为有、化繁为简、交互式体验等信息传播优势，迅速赢得了广泛关注。

MG 动画是实现可视化的一个重要手段，不仅能通过点、线、面的形状结合表达出各式各样的图表，还能利用 3D 技术制作出立体图表，清晰直观地辅助数据的报道。MG 动画以其生动形象、快节奏等优势，在满足受众对信息获取和视听感官体验的升级上起到越来越重要的作用。

但客观表现数据并不意味着新闻只对数据进行简单展示，而是需要对信息进行更加清晰的呈现、更准确的分析和更深层次的解读。因此，提高新闻信息量、提高传播效率十分重要，在此种情况下选择信息承载量大的 MG 动画来报道新闻不失为一个有效选择。

第三节 视频新闻的选题和剪辑

视频新闻是文字新闻、图片新闻以及电视新闻随着互联网的发展而衍生出来的产物。通过短短的两三分钟，甚至几十秒的时间，就能呈现出最具现场感的新闻事件。随着 5G 网络时代的到来，人们获取信息的方式有了很大的转变。短视频传播成为主流媒体转型升级的重要发展方向。面对当下高度娱乐化的短视频行业发展形势，以短视频新闻传播转型为目标的主流媒体要想做强做大，就必须突破当下瓶颈，生产出有实质内容、有故事情节、有叙事逻辑和符合受众需求的高质量产品。

短视频作为一种内容承载方式已成为当下信息传播的重要发展方向，为媒体融合时代传统媒体的转型升级提供了新契机，新闻报道与短视频的结合将成为传统媒体与新媒体深度融合发展的切入点。

一、纯文字类

过去，一个普通的视频新闻是由视频、图片、文字组成的，而现在视频新闻不局限于任何选题和形式。即便是政策发布、数据解读这类纯文字，也可以制作成视频传播，将其重点内容摘出，用醒目的字体和文字展现，这样能让受众绕开冗长的文字，直接接收最有效的信息。这也是现在"两微一抖"平台各类信息发布视频最爱用的一大类型。

将纯文字变为视频的另一种表现形式是数据解读。信息技术的进步使得大数据成为各行各业发展的有力支撑，大数据也为大众提供了诸多便利。传播生态和新闻行业在大数据的影响下同样发生了改变，其中以数据为基础的新兴新闻模式逐渐走向大众视野，数据新闻从此成为新闻领域开辟的新方向。

面对数量多且复杂的数据，仅用文字无法达到一目了然的效果，那就需要配合特效动画让数据可视化。视频类数据新闻是新闻生产的新兴领域，在实践过程中逐渐形成了线性、递进式、同心圆三种基本叙事模式。视频类数据新闻在叙事中突出故事性内核特征，强调以时间倒错完善叙事链条，通过零聚焦串联数据突出叙事要点，并应用视听数据符号立体化新闻叙事。研究认为，视频类数据新闻生产应避免视频可视化叙事与新闻性失焦的矛盾，增强数据新闻视频利用率与互动性。

简单来说，就是在剪辑时运用线状图、点状图、柱状图、饼状图这样的具象图标，对手中的数据进行归类整理，并通过形状的改变呈现出数据差，这样能够让受众从晦涩的数据文字中一目了然。

二、深度新闻视频

新闻短视频在提升信息覆盖面和媒体影响力的同时，也在弱化着新闻的严肃性，主要表现为短视频新闻的过度娱乐化、过度碎片化和过度浅表化。对此，媒体要秉持客观专业的新闻态度，以"深度"自重，做强深度报道，发出理性声音，构建价值传播，以应对新闻短视频严肃性弱化的问题。

深度报道往往文字内容过长，要通过短视频的方式呈现，就必须打破文字思维。视频新闻时长一般控制在 2 分钟内，稍长一点的优质深度视频一般控制在 5 分钟左右，在制作时必须舍弃部分内容，选择最能刻画、突出事件的部分去表达，这非常考验创作者的编导思维。恰到好处的精减能让一则新闻节奏明快，又具备优质内容和延展思考的特点。这类视频还有一个特点，就是对现场视频素材要求高，视频里的文字要精简。主题内容都应该是由现场视频托起的，文字只是辅助，用每一帧的画面去告诉观众这件事的原委。

目前，视频新闻已经成为受众获取新闻信息的主流形式。观看视频新闻比阅读文字新闻的门槛低，所以视频新闻的受众群更广。依托这种变化，媒体工作者应该与时俱进且具备前瞻性，同时也要思考，在这个快速发展的时代怎么样保持初心，制作好新闻。

三、新技术类

当一个视频需要呈现更多现场感内容的时候，在现场视频、图片不充分或不足以完全描绘现场情况时，我们就用到了另一种形式——3D 还原。这种形式适用于需要大量描绘无法复刻的现场情况，或者无法进入、无法拍摄以及需要一定想象的场景和事件。如封面新闻在 2021 年 5 月 23 日发布的《3D 还原甘肃越野赛线路 专家：冲锋衣未列入强制装备或招致悲剧》，面对无法在极端条件下再次进入马拉松越野赛路线的情况，采用 3D 建模的形式还原比赛路线，辅助受众对此事件有一个更加清楚的认知。

除了这类新闻，还可将 3D 动画技术运用到考古新闻当中。如封面新闻对四川三星堆的系列报道，通过 3D 技术对各个祭祀坑及其重要文物建模，还原真实的考古现场，使受众仿佛身临其境，沉浸式体验古蜀文明的魅力。

智媒时代，内容和技术是媒体融合的双翼。用好新技术，找到用户最真切的需要，是媒体深度融合的关键。

第四节 创意视频的特点与制作

在融媒传播的新格局下，主流媒体主动求变，在创意视频领域发力，通过新技术、新应用赋能，占领重大传播的制高点。小视频聚焦大主题，微形态引发大话题。目前，在一些报道中，创意视频已经成为一种主打形式，成为重大传播竞争中的有力"武器"。各大主流媒体也将创意视频做出特色，以多个维度梳理分析重大事件，辅以独特的创意策略。

一、内容创新

创意视频往往要突出时代性，融入时代元素。在制作中，要大胆使用新技术、新应用，还可运用年轻人喜爱的快闪、说唱等音乐元素，用全新的传播方式满足当今社会用户的需求。如封面新闻策划的《Rap 成渝｜成渝双城记》，就是说唱音乐视频产品，以音乐为载体，引发年轻群体对重大主题报道内容的关注及情感共鸣。

二、形式创新

在这个移动化、碎片化信息的时代，小体量即将占据主阵地。人民网创意推出的全国两会系列短视频节目《百秒说两会》通过对会议内容的提炼，以小见大、百秒速达，在短短 100 秒时间内陆续推出了政府工作报告、全程人民民主、地方组织法等主题内容，以精细化的信息实现了重大主题精致表达的传播效果。创意视频制作也成为主流媒体在重大主题报道当中的一种重要形态，虽然时间短、体量小，但内容密集，成为用户喜欢看、看得进且充满正能量的作品。

三、科技创新

即传即达是 5G 时代信息传播的特征之一。第一时间抢占首发、抢占独家，实现快速发布，是各大主流媒体的重要目标，因此，在安全传播的基础之上要移动优先，速度优先，坚持快拍、快编、快审、快发的原则。

例如，央视频在 2022 北京冬奥会采用的 AI 智能自动化生产系统，平均单条视频自动生成的时间在 1 分钟左右。在自由式滑雪女子大跳台的决赛中，AI 剪辑系统对谷爱凌三次跳跃的完整动作、慢动作、宣布得分等关键时刻实现自动剪辑入库，第一时间为用户提供了精彩视频回看，两小时内播放量超过 500 万。[1]

现有的 AI 智能系统可以对视频素材进行自动剪辑，并且在后台通过 AI 审核再进行人工复审，更快速地生产出义章与视频，做到科技为行业所用、为新闻所用，受众也可以最快得到真实有效的消息。

四、制作创新

一个好的创意视频也可以将亮点放在呈现方式上。在新闻摄影当中，航拍镜头在拓宽新闻摄影视角的基础之上，也保证了一定情况下记者的安全，为受众提供了更为新颖的视觉角度。航拍镜头往往采用俯视视角，镜头面前没有记者，镜头内容全是新闻发生地点的真实情况，而且能够拍摄到各个角度，不被其他事物干扰。无人机拍摄在突发事件中具有很强的优势，如天津港危险物仓

---

[1] 《厉害了！冬奥会传播赋能，央视频下载量突破 4 亿》，广电视界，2022 年 2 月 22 日。

库爆炸后，现场环境恶劣，媒体人员如直接奔赴现场可能会危及人身安全；又如地震后，外界急需了解灾区受灾情况，可因灾区交通阻塞、通信信号中断等影响不能及时传回灾区信息，而航拍可以从技术上解决上述困扰，不仅确保媒体人员的安全，还能提升新闻时效性。

VR全景影像技术也可作为创意视频的制作手段。它是把数码相机环360°拍摄的一组或多组照片，利用后期制作拼接成一种全视角的数字图像，能够更加全面地实现虚拟场景的再现，给人一种身临其境的真实感。如今各大媒体技术实力不断增强，重大主题短视频的创意和制作通过科技赋能展现奇迹，推出更多"刷屏"之作。2022年全国两会期间，各种新技术、新应用、新场景，"AI王冠"等数字虚拟主播及高精尖"神器"纷纷登场，创意视频产品频出，实现重大主题的轻量化传播，其背后都离不开5G、AI等技术的支撑。

第六章　热点新闻的报道

新闻竞争日趋激烈的形势下，对突发新闻事件的拼抢是市场化媒体不断强化的重要领域。一家新闻媒体对热点事件的理解，热点新闻的敏感度、关注度，事件走向的基础判断，报道的团队协作模式，甚至是采编队伍、运营队伍的快速组建，采访力量的外派等，都应有清晰的认识和明确分工。只有做到全面了解、准确判断、战术灵活、局面可控，才能通过团队协作，让报道出彩。

第一节　热点新闻的特性与价值判断

2020年9月，中共中央办公厅、国务院办公厅印发《关于加快推进媒体深度融合发展的意见》，强调要推动主力军全面挺进主战场，做大做强网络平台，占领新兴传播阵地。

主战场已经转移到互联网，主流机构媒体要在其中展示权威性、专业度、公信力和影响力，最为便捷就是做好全网热点事件的报道，以内容为本，快速获得曝光度和关注度，同时吸纳足够多的用户，才会夯实影响力的根基。那么，什么样的新闻称得上是全国热点？热点新闻有哪些特性，我们该如何判断其新闻价值大小，做好及时应对、快速反应和合理呈现呢？

一、热点新闻

热点新闻，重在"热"字，可以理解为事件聚集的热度、民众热切的关注度、报道反响的热烈程度。

热点新闻题材广泛，包含了突发事件、舆论监督、民生焦点、人物报道、情感故事等。凡是受众的关注点、公众议论的焦点、社会矛盾的爆发点、话题性集中的争议点、现实生活中的难点和痛点，都可以是热点新闻，包括新闻事件、话题讨论、当事人物、科技创新、法治案例等类型。

二、热点新闻的特性

热点新闻具有极强的新闻价值、极为广泛的社会关注度、极为值得探讨的社会样本意义，也具有极为快速和广泛的传播能量。因此，值得新闻从业者特别关注、认真剖析和深入探讨，并发挥机构媒体应有的专业职能，做好社会舆论和情绪引导。

第六章　热点新闻的报道

一般而言，热点新闻需具备以下突出特性。

（一）及时性

及时性是新闻时效性最突出的表现，而最能体现及时性的新闻就是突发事件，因其不可预料、毫无预兆的突然性，往往与最近的时间节点契合，因而备受大众关注和好奇。如突发社会类新闻，其新闻价值往往突出表现为新鲜性、显著性与对受众的震动力、吸引力。

2022年3月，一架波音客机在广西山林坠毁，132人遇难。快讯、详讯、图片、视频……随着媒体不断地报道，公众得以获得时间、地点、人物、起因等诸多信息。随后，持续十多天的救援，应急处置指挥部每天召开的新闻发布会，媒体现场不断推进的报道和遇难者家属的讲述，东航坠机事件每一个动态细节都为全国乃至世界瞩目。

（二）贴近性

新闻"三贴近"即贴近实际、贴近生活、贴近群众，是新闻报道过程中必须遵循的重要原则。只有具有贴近性的新闻才是人民群众喜闻乐见的，也才能在网络舆论场上抢占到自己的阵地。

新闻与受众的贴近性，一是地域贴近，比如中国人更关注国内发生的事，四川用户更想知道与四川有关的新闻。

二是心理贴近性，即某新闻题材与受众心理之间的距离很近，或者与受众所熟知的某个领域很贴近，受众因此非常渴望获取该领域最新的信息。比如关心国际新闻的受众更想知道大国关系的变化、牵动地缘政治的敏感性事件，类似战争这样改变历史的重大国际事件等。

三是情感贴近性。比如2022年7月特别火爆的短视频《二舅治好了我的精神内耗》，10分钟视频几天时间就创下了过亿的传播量。究其原因，除了真挚的情感和简洁流畅的文本，其最为根本的是引起了千万网友的情感共鸣——二舅不仅仅是二舅，也是我们身边万千人物的真实写照。二舅的生活折射出那一辈人在平凡琐碎中活出的不平凡，在苦难中坚持向上而获得小幸福的人生历程。

（三）话题性和争议性

在新闻事件中，一定有立场不一甚至对立的场景出现，这样的新闻因极具争议性而具有探讨价值，很多受众会参与互动，在茶余饭后与人分享、讨论或激辩。

山东"辱母案"无疑是争议性新闻的典型。2016年4月，在催债人用极端手段侮辱母亲的情况下，于某情急之下用水果刀刺伤了4名催债人，其中1人不治身亡。聊城中院一审以故意伤害罪判处于某无期徒刑。母亲被侮辱，奋起反抗，却因对方死亡面临无期徒刑，这一事件在社会掀起了巨大的争议。面对至亲被暴力胁迫和侮辱该不该反抗，该怎么样反抗，法律该如何认定，形成了包括法律界在内的社会大讨论。最终，山东高院撤销一审判决，认定于某属防卫过当，以故意伤害罪，判处其有期徒刑五年。

（四）标杆性

近年来，推进社会发展、文明进步和法治完善具有标杆意义的热点新闻不少，也尤其值得讨论。

2021年，云南野象北迁引发全国关于生态文明的大思考，人类活动是否"越界"侵扰到了野象的生存空间？我们该如何做到人与自然的和谐共存？对此，媒体发布的沿路居民和政府保护报道，让中国的生态环保理念得到国际社会广泛的赞许。

2018年8月江苏"昆山反杀案"也是具有标杆意义的案例。一个路人，面对对方来势汹汹的街头霸凌，反击中导致对方死亡。该案最终促成最高法颁布了一项"依法适用正当防卫制度"的指导意见，网友评价该案为完善正当防卫立了大功，加快了正当防卫的司法实践之路。

2003年3月17日晚上，任职于广州某公司的湖北青年孙某在前往网吧的路上，因没有暂住证，被警察送至广州市无身份证、无暂住证、无用工证明的外来人员收容遣送中转站收容。次日，孙某被收容站送往一家收容人员救治站。在这里，他受到工作人员及其他收容人员的野蛮殴打，并于3月20日死于这家救治站。这一事件最终推动了国务院废止限制人身自由的"收容制度"。

2021年12月，因店招中含有"青花椒"字样，四川省数十家餐馆被上海某公司起诉侵权并被索赔。事件发生后，封面新闻等媒体通过不断报道，推动该事件朝正向发展，最终上海某公司撤回全部诉讼，并依法退赔多家四川餐馆赔偿款。该系列报道促使"青花椒"一案成为促进法治完善的典型案例。2022年四川省两会期间，"青花椒"案被写入四川省两院报告，当年3月8日，在十三届全国人大五次会议第二次全体会议上，最高法的工作报告亦提及"青花椒"案。作为关系民生的典型案件，最高法以此在报告中明确"青花椒"等"碰瓷式维权"不受保护。全国政协委员、四川省律师协会副会长李正国认为，"青花椒"案判决扭转了对商标侵权的机械认知，对如何区别"描述性使用"及"商标性使用"具有典型意义。

这些推动社会进步，促进法治完善和体现司法进步的案例，因其标杆意义应该成为媒体报道的热点和焦点。

（五）可读性

"听故事的渴望可以说和人类一样古老。"这是英国作家威廉·萨默塞特·毛姆说的话，他认为，不讲故事就"扔掉了人性中最为渴望的东西"。

新闻不同于文学，必须基于事实，不能够虚构。但新闻有和文学类似之处，同样需要好文本，需要讲好故事，同样关注和研究人性的复杂性。通过广泛搜集、挖掘找到一个好的故事，再通过开门见山的场景还原，让受众快速进入情景之中，让一个鲜活的人物故事徐徐展开。

登载于2015年8月5日华西都市报社会新闻版的《一个巡山女人与她的米仓山》就是这样一个范例。文章讲述了巴中通江县护林员景祥俊扎根大山18

年的故事。一把护林刀,一个小挎包,一个人巡护9000亩山林。18年来,在左肾坏死、右肾萎缩的情况下,她坚持边治疗边工作,走完6万多千米。这个城里姑娘嫁给了当地村民,并把他发展为"编外护林员"。"所有人都不愿进入森林。景祥俊除外。景祥俊是个女人,长相秀气,体重只有80来斤,不到黑娃子(黑熊)体重的一半。""关于黑娃子的传说,她听得比谁都多,她怕死了黑娃子,但她却守护着黑娃子,防止有人猎杀。"

朴实而细腻的文字,简洁干净的场景描述,具有张力的人物形象还原,真实原生态的大山生活,让这组报道具有饱满的故事性和可读性,收获了千万网友的盛赞。

(六)共鸣性

说到情感张力,难免再说一说《二舅治好了我的精神内耗》。这条10分钟的视频不是一个新闻作品,只是来源于一个网友的生活创作,但因为千万人的关注和媒体追踪,成了一个新闻事件。它的真实性也引起了网友的热议,慢慢随着记者的调查,质疑声越来越小。这样一个人物故事值得传媒圈认真探讨。一个挂着拐杖的老人,默默生活在河北大山里的一个村寨,一夜之间却突然闯入公众视野,让"二舅"和"精神内耗"成为2022年的网络热词。

视频拍摄者在视频中有一段关于二舅和养女的情感表述,尤为动人,引发了无数人的共鸣:

二舅拼命地在周边做工赚钱,大部分时间都把宁宁寄养在了大姨家里……十年前宁宁和男朋友结婚了,20万出头的县城房子,二舅出了十几万……二舅掏光了半辈子积蓄给宁宁买了房子,却开心得要死,这就是中国式的家长……卑微的伟大着。

这样简单的文字描述和生活场景还原,因其背后蕴藏的充满张力的澎湃情感,让受众感动不已。这也是我们新闻从业者需要学习和借鉴之处。

（七）利益相关性

影响面大，涉及范围广，与老百姓生活和利益息息相关，这样的新闻一般都涉及重大民生和国家政策调整。

民生新闻和社会新闻一样，都是报道中非常重要的内容，而民生新闻基本来源于生活，更贴近于受众。民生新闻不仅仅涉及生活琐事，也事关国家大政方针政策调整和政府各项新规解读。简单的政策发布和信息转载不能满足民众的需求，只有不断加强报道的深度，选取最贴近受众的角度，用受众读得懂的文字表述，才能有效吸引读者。

近年来最受关注的民生新闻无疑是我国放宽"二胎"政策。从 2018 年开始，我国的人口出生率在不断下降。少儿人口比重已从 1982 年的 33.6% 降到了 16.5%，大大低于世界 27% 的平均水平。未来，我国将面临严重的劳动力短缺问题。媒体对于这一事关广大民众热点新闻的分析具有重要的解读意义，媒体从业者要不断拓展思维，扩大广度，加强深度。

（八）未知性

处于不断发展当中、结果未知的新闻，带有巨大的悬念，因此也备受关注，极易成为热点新闻。

2022 年 7 月 26 日，四川乐山沐川县发生一起持枪击伤 2 人、持械杀害 3 人的重大刑案。嫌疑人行凶后持械逃入大山，引起全国关注。此后，四川 5000 名警力地毯式搜山，知情人不断爆料行凶者和遇害者的关联及幕后纠葛，相关消息持续霸屏。5 天后，嫌疑人李某被发现在山区坠亡，事件的热度才逐渐退却。事件持续发展，结果存在多种可能性，随着深度细节披露逐步接近真相，这样的新闻无疑也是热点新闻中的重要一类。

还有一类充满未知性的新闻是科技前沿新闻。近年来，最为火爆的科技前沿新闻多与"元宇宙"有关。元宇宙一词诞生于 1992 年的美国科幻小说《雪崩》，小说描绘了一个庞大的虚拟现实世界，人们用虚拟人代替自己在里面生存和竞争。2021年被认为是元宇宙元年，互联网巨头纷纷下场；5月，微软宣布打造"企业元宇宙"；8月，字节跳动斥巨资收购VR创业公司Pico；10月，社交巨头脸书宣布更名为Meta，来源于"元宇宙"（Metaverse）。

如何打通AR、VR、3D等技术应用场景？未来的虚拟现实网络会是什么样子？目前对此尚无明确定义和成熟样本，但正因其未知性而成为目前最大的风口，也为全球网友所密切关注。

（九）特殊性

"狗咬人不是新闻，人咬狗才是新闻"，这句话可作为新闻价值判断的一个重要标准。而新闻的特殊性，也是热点新闻的一个重要特性。

第一，特殊性可以理解为稀缺性，经常发生的事，特殊性就弱，新闻价值就低。比如，汽车在行驶过程中飞起来"卷"到了电线杆上就曾是热搜新闻。

第二，新闻发生地点具有特殊性。比如，新闻发生在偏僻的农村，显然不如闹市人多之地更引人注意；事件发生在遥远的非洲，显然不如发生在美国更引人注意；而发生在底特律郊区，又不如发生在纽约核心地带的时代广场更引人注意。

第三，新闻当事人的特殊性。比如，2022年8月，拜登第二次感染新冠肺炎，美国总统的身份让他比其他社会名人感染更受关注。

第四，新闻发生的时间节点具有特殊性。比如，2022年是美国中期选举年，将改选国会参众两院的议员席位。佩洛西在这一背景下不顾中方强烈反对窜访台湾，无疑是在帮助当时议员席位选举处于不利位置的民主党拉票。

第五，事件的反常性。2022年2月，重庆一辆小轿车坠河，3人遇难，唯一幸存的是一名10岁小男孩。事后，警方发现男孩母亲在家中已离奇身亡。这一事件诡谲莫测，加上当地警方对案情讳莫如深，引起了网友们的福尔摩斯大猜想。

三、如何高效调度采编力量

互联网时代的信息传播特性为传播快、下沉快、碎片化、缺乏逻辑，因此新闻工作者需要利用自身专业优势，成为广大网络用户的信息管家。而要得到网民的信服，新闻工作者需要具备扎实的新闻功底、敏感的新闻嗅觉和专业的新闻信息服务能力，最为核心的要求是快。

对于网民而言，谁的推送和发布最快，他就会被吸引过去。在新闻报道过程中，快速判断是部署采访力量、前后协同、产品打造发布等系列举措的第一步。那么如何快速从庞杂的互联网信息中找到真正的新闻，如何从新闻当中判断热点所在，如何判断几个热点的价值高低？以下列出三个办法：

一是运用热点新闻特性认知，进行"叠加判断"。根据前面提到的9个热点新闻特性，可以判断符合某个特性的新闻即具有新闻价值，而符合的特性越多，新闻价值越高。以东航坠机事件为例，该突发事件具有及时性、贴近性、共鸣性、利益相关性、特殊性、未知性，至少符合六个热点新闻必备特性，所以是热点中的热点。

二是借助互联网数据进行热点判断。互联网平台有热搜榜和热门榜，可据此判断新闻事件的关注程度和流量数据。

三是发挥新闻记者专业优势，提前预判下一个热点新闻。热搜榜呈现的是已热事件，媒体跟进也是做第二落点。要做到快速捕捉下一个热点，需要记者发挥"时代瞭望者"的专业优势，准确预判事件发展脉络，先网友一步探索真相，做出相关采访安排和报道。

准确快速做出新闻热点判断，可以让媒体工作者赢在起跑线，先人一步前往现场，先人一步进行电话连线，先人一步推出动态信息更新。同时，也为合理配置采访力量、提前准备音视频产品、预制海报、谋划3D还原等产品赢得时间。

第二节 热点新闻的采编过程

关注全国、全球热点新闻，把握好热点事件的采、编、刊、播，在事件发生后率先发声、率先进入核心现场、接触核心当事人，是近年来全国各大媒体抢占舆论制高点、提升品牌影响力的重要手段之一。客观、中立、真实、快速、专业的报道，一方面可以迅速向公众释疑解惑，另一方面可以提升品牌的权威性，增强用户的信任和黏度。

热点新闻的采编过程大致可用"快速反应""团队协作""报道策略""采编要求"等关键词概括。

一、"快速反应"：快速抵达核心现场，快速搭建直播团队，快速发回第一手现场资料

速度是热点新闻发生后采编过程中的第一核心要素。重大热点事件发生后，记者需要以最快速度抵达现场。而抵达现场后，最直观、最快速、最能真实反映现场状况的报道方式是直播。

以封面新闻为例，目前要求每位记者拥有最基本的采、写、直播、剪辑等业务能力。但凡遇到重大突发事件，记者抵达现场后，在网络信号条件允许、充电设备条件满足的情况下，需尽快开启直播。后方的视频团队第一时间搭建直播团队，整合挑选关键、核心信息，制作15秒、30秒短视频进行二次传播。

直播的优势是可以先于文字或视频，对现场情况进行全方位打捞，对细节进行360度跟踪和特写。同时，直播对于一个记者的日常知识储备、新闻素养、临场反应和应变能力、亲和力等都是一种考验。一场合格的直播不仅能以最快速度向公众传递信息，也能通过记者的业务能力反映一家媒体的专业度和权威性，增强用户的信任和黏度。

2021年12月7日，对于全国瞩目的"孙海洋之子孙卓被拐回家认亲事件"，封面新闻记者提前详细了解案情、采访专家、摸底家属诉求，甚至做到了对家中老人身体状况的掌握，在直播过程中，客观、中立介绍现场盛况和案件进展，金句频出、幽默风趣，成为当天所有直播的标杆。该场直播不仅收获300多万的观看数据，还直接为封面新闻官方微博涨粉1.2万人。不少网友在评论中要求封面新闻领导给记者"加鸡腿"。

在一个或一组记者直播的同时，抵达现场的另一个或另一组记者需同时以图集、短视频或文字快讯的形式传回现场核心、关键信息。

二、"团队协作"：重大突发事件发生后立即搭建报道团队，团队分为前方采访团队和后方编辑、运营和分发团队

重大突发事件发生后，考验的不仅是一家媒体能否第一时间派出记者抵达现场，更是抵达现场后如何在最短时间内将核心、有效信息整合成多种新媒体形态，在各大平台上推送和传播。这考验一家媒体内部的沟通、协作和配合能力。

以2022年3月21日，一架东航波音737-800客机在广西壮族自治区梧州市藤县山林坠毁为例，事件发生几分钟后，封面新闻快速成立以主要领导牵头的采访报道团队，建立临时报道群，多部门、多行业、多口线记者加入，各司其职，齐头并进。

首先是其国内国际新闻中心和区域中心派出三路记者，第一时间从宜宾、广州、武汉奔赴现场。与此同时，国内国际新闻中心安排4名记者，第一时间远程核实视频，为前方记者挑选线索和报告进展；视觉中心成立直播团队，搭建直播室，等待前方记者抵达现场后进行直播；青蕉互动社区派出多名记者，一部分接收拍客视频进行剪辑制作，另一部分负责处理前方记者传回的素材；内容运营传播中心与国内多个平台快速沟通，畅通分发渠道；智媒编审中心抽

调专人进行原创稿件的编辑刊发和权威报道的整合。

前方记者抵达现场后，第一时间传回核心现场的图片、视频，由视频中心和青蕉社区工作人员进行30秒、1分钟等短视频的剪辑制作；由内容运营传播中心编辑挑选关键信息，制作抖音、快手视频在视频平台上传播；由国内国际新闻中心后方文字记者对前方电话描述、语音传递的信息进行整合、组稿。

坠机当天，封面新闻多部门通力协作，以文字快讯、图片报道、短视频报道、抖音和快手产品、微博微信产品等呈现方式，发布超过20条稿件。次日傍晚，前方记者传回第一条深度文稿，内容运营传播中心第一时间进行推荐和分发，在封面新闻App和商业平台上以"封面深镜"为栏题刊发并推送，受到众多网友关注。

此次报道，封面新闻的快速反应能力、多部门沟通协作能力得到有效检验和提升。同时，快速、专业、冷静、客观的报道态度，辅以人文关怀，体现了封面新闻作为权威媒体的责任、情怀和担当。

三、"报道策略"：抽丝剥茧，层层推进，由浅入深，在热点事件的有效传播期限内将事件的经过、结果和背后成因、影响面和盘托出

在碎片化和海量信息时代，如果不是全国性的重大突发事件，一般的热点新闻都存在一个传播周期；如果事件本身不存在持续性，那么，其热度最长一周、最短一天，多数在3天之内会被其他热点代替。这考验一家媒体的快速反应能力和突破、剪辑制作精品的动手能力。

以封面新闻为例，对热点事件的报道，一般采取"1+2+3"的报道策略层层推进。

"1"，即第一天，第一时间。事件发生的当天，派出记者赶到事件核心现场，通过直播、图集、短视频、文字快讯等形式，报道事件现状、救援或解决进展。同时，突破和接触核心当事人，还原事件发生的过程。

"2"，在第二天傍晚，通过核心当事人的还原、相关第三方的证实，推出第一篇文字详稿，全面展现事件起因经过结果或现状。

"3"，在经过前两天的拍摄、采访后，第三天，通过精心制作，推出精品视频报道，以某个瞬间或某个核心当事人为切口，徐徐推进，全景展现事件背后的成因和当事人对事件的揭秘，以及政府救援、帮扶所起到的正能量效果。

四、"采编要求"：纠纷类报道讲究三方求证，人物报道需多方还原，海量信息注意真伪识别，悲剧事件需体现对当事人的尊重和核心信息正反对比

第一，纠纷类报道讲究三方求证。任何纠纷事件，从人类天然的自身欲望出发，在涉及核心利益上都会不自觉地对对方加以指责，描述事件的发生过程时缺乏基本的客观精神。记者在采访时切忌偏听偏信，必须讲究书证、录音、录像取证和三方求证原则。只有在三方，甚至是超三方的"对质"状态下，事件涉及的起因和发展过程才可能展示得真实和全面，才能给公众一个概括性的信息传递，给相关执法、处理部门一个客观的反馈材料。

第二，人物报道需多方还原。一个人的一生，不可能通过短短几十分钟、几个小时的讲述就得到彻底还原，更无法通过受访者本人的讲述，就对其进行描绘和刻画。人物的性格色彩、工作和生活经历、内心活动、梦想和心愿、日常的行为举止，只有通过5～8个他身边人的交叉印证和描述，才能给予定位和描绘。

第三，海量信息注意真伪识别。当前，各家媒体在热点事件发生后基本都是通过前方记者奔赴现场，后方记者远程采访、整理、集纳信息的形式抢发报道。远程采访最大的难点，就是对谣言、假消息的甄别。海量信息的识别，不仅考验记者的自身知识储备、职业素养，也考验其求证核实的职业精神和新闻

操守，同时检验一家主流媒体对报道规范的追求和管控标准。

第四，悲剧事件需体现对当事人的尊重和核心信息正反对比。悲剧事件的报道，尤其考验一家媒体在采访过程中对核心信息的正反对比，以及行文时的态度、担当。从采访角度来讲，要给予受访者最大的尊重和受访空间，不打扰、不追问、不引导、不挖坑，是基本操守；从行文和报道要求来讲，需要字斟句酌，做到不伤害受访者、不欺骗读者。

2022年1月14日，备受关注的寻亲少年刘学州跳海自杀，国内某媒体被网友骂上热搜。起因是在刘学州与生父母寻求见面，被生父母拒绝后，该媒体单信源采访刘的生母，并在未向刘学州进行核实、未对核心信息进行正反对比的情况下，发表了题为"刘学州被生母拉黑 这场闹剧该不该悲剧收场""刘学州生母独家回应：拉黑只想重新过平静生活"的报道，让舆论从同情未成年人急转直下，直至刘学州遭到网暴。

该报道虽不能以网民"××报害死了刘学州"的说法来评价其效果，但其在未做到最基本的正反求证的情况下就刊发报道，缺乏客观性，报道内容的准确性也有待商榷。

第三节 热点新闻报道的角度和态度

在热点新闻事件发生后，全国媒体都会第一时间跟进。受时间、交通成本等影响，部分距离事件现场较远的媒体只能通过更深入、细致的采访，多方还原、解读事件本质，挖掘出被其他媒体忽略或更为吸引用户的新闻点和报道角度，以实现广为传播的可能。同时，在新闻事件的报道中，媒体要追求新闻专业，体现人文关怀，做到释疑答惑，正向引导，绝不能做"标题党"，更不能

第六章 热点新闻的报道

为了追求流量，违背新闻伦理，职业操守失范。

一、"角度"：热点事件比拼角度，发散性思维操作选题，透过现象看本质，会在众多报道中独树一帜，起到奇效

近几年来，重大热点事件发生后，常常会出现数十家媒体拼抢新闻的现象。大多数时候，各家媒体的报道思路、报道规模会有重复，甚至出现翻版、克隆现象。在报道中如何做到与众不同，非常考验前方记者和后方统筹团队的眼光、发散性思维。

另辟蹊径、剑走偏锋的报道前提是，除了对事件本身有全面的了解，记者在前方还应该有自己独立的思考。以"大象北迁事件"为例。2020年3月，共计16头亚洲野生象从西双版纳州进入普洱市，并一路北上。之后，象群到达红河，又进入玉溪市，并在6月2日进入昆明市晋宁区双河乡。此后，象群开始返回，并沿着玉溪、元江、普洱市，最终回到西双版纳。这一路，为了保护象群，各地群众进行了投喂和饮水引导。封面新闻在该事件的系列报道中，有一篇深度视频稿件令人印象深刻。

2021年，全国众多媒体"追象几个月"，在做了现场跟拍、专家采访、生态环境讨论等报道后，读者逐渐产生了阅读疲劳。由于"人象冲突"的根本原因还没有讲透，在大象的脾气性格还没有被读者摸清、大象未来何去何从还存在分歧的情况下，封面新闻前方记者另辟蹊径，像记录一个人一样去记录一头大象的成长、性情变化、肇事经历、未来走向。

封面新闻记者找到了北迁象群家族的邻居，同在普洱的另一个象群，并通过采访饲养员、寻象员、村民、镇政府、保护区工作人员、大象专家，了解了一头被逐出象群的公象的故事。

该公象被取名"老三"，年少时与象群和谐相处，成年后因为要交配，在象群中多次打架斗殴，最终打斗失败被逐出象群，无奈之下将气撒到附近村庄

的人类身上，多次毁坏农作物、汽车，并造成多人死亡。最终被捉拿归案，关押在保护区。

透过这头象的成长经历，该微纪录片以个体故事讲述西双版纳野象群的发展，介绍大象的性情变化，反映了人类与野象的生存冲突，公布了受灾群众的伤亡和财产损失情况，并通过保护区政府的规划，描绘了野象保护的前景。稿件向全网各大平台分发、推荐后，在网络上受到一致好评。

此事说明，在热点事件中，冷静思考、透过现象看本质、选取不一样的角度，就有从万千信息中脱颖而出的可能。

二、"态度"：新闻记者在遇到重大热点事件时需保持"热血"，也需保持"冷静"

记者既要有挖掘新闻的勇敢和新闻专业追求，也要有冷静思考与客观表达的态度。而在悲剧事件的报道上，更要做到客观和真实，体现媒体的担当与人文关怀。

2022年6月10日凌晨2点40分许，河北省唐山市公安局路北分局机场路派出所辖区某烧烤店发生一起寻衅滋事、暴力殴打他人案件。多名男子在殴打几位女士之前，有骚扰、侵犯、侮辱女性的严重情节。警方调查显示，涉案人员中多人有前科劣迹。9名涉案人员中有5人在11日凌晨被抓获，另外4名涉案外逃人员11日在江苏某地服务区弃车，还翻越高速护栏，最后落网。该事件就是在全国范围内产生极大影响的"唐山烧烤店打人事件"。在该事件的报道中，国内某媒体的报道曾遭到网友和同行的负面评价。打人视频全网广为流传，网民真切看到4位女生遭遇暴力殴打的情况下，记者对现场进行文字描述还原时，将打人男子伸手触摸受害女子后背的行为描写为"与对方交谈"；将男子暴力殴打受害女子，女子还击，描写为"爆发肢体冲突"；将多位男子冲进店暴力殴打受害女子的过程描写为"加入战局，对抗几名女子"。

第六章 热点新闻的报道

  这样的文字描述，既未客观还原真实情况，也缺乏对受害者的人文关怀和对暴力行为的谴责。最终导致一片负面评价，损害了该媒体的形象。

  在任何热点新闻的报道中，记者都是最先了解真实情况、最先接触核心当事人的人，记者的热血和情感导向直接决定报道的导向。所以，记者需要清醒认识到"记者是记录者，不是新闻当事人"。这也是一个记者走向成熟，其报道体现担当和人文关怀的基本要素。

第七章　网络媒体的运营

党的二十大报告指出，加强全媒体传播体系建设，塑造主流舆论新格局。这是新阶段促进媒体融合发展的客观发展需要，也是新形势下做好新闻宣传工作的基本价值遵循。进入新时代，媒体传播日趋智能化、体系化、移动化，我们应当如何正确理解"全媒体传播体系"的建设要求和内涵，如何利用三方平台"借船出海"，持续提升主流影响力？

据中国互联网络信息中心（CNNIC）发布的第52次《中国互联网络发展状况统计报告》，截至2023年6月，我国网民规模为10.76亿，互联网普及率达76.4%。其中，使用手机上网的网民比例达99.8%。与此同时，我国网络视频用户规模为10.44亿人，占网民整体的96.8%，其中，短视频用户规模为10.26亿人，占网民整体的95.2%。

数据显示，上述网民规模、手机上网比例、网络新闻用户规模、短视频用户规模等关键指标近年来均呈持续上升趋势。在此背景下，更为及时、开放、便利、个性、智能的网络媒体成为网民获取信息、表达观点的主要渠道，也成为媒体"主力军进入主阵地"的重要载体。

在此过程中，运营环节至关重要、事关成败，我们选取部分当下主流的微信公众号、微博、抖音平台，探究主流媒体在网络媒体平台的运营之道。

第一节　微信运营与用户黏性

一、认知圈层传播

微信是一款熟人社交产品，一个成都"90后"媒体人的朋友圈，一定有更多的成都人、"90后"、媒体人。

微信公众号要做出好的传播案例，一个最重要的认知是如果一篇文章不能契合一个圈层，那它很难实现传播，更谈不上出圈。

强密度关系圈层：地域、年龄、行业。

弱密度关系圈层：消费、学历、认知等。

发现了圈层的存在，就等于拥有了内容传播的GPS。

腾讯控股2022年第四季度及全年财报显示，2022年第四季度微信及WeChat的月活跃用户数为13亿，尽管微信有如此庞大的用户规模，但一篇爆款文章的阅读量通常最多只能达到数千万级，这是因为熟人社交产品的底层逻辑决定了不会存在零密度关系，或者说，在分享动机上，不会因为读者的地域、年龄、行业的不同而产生大的变化。

举例来说：

《洛阳，向全世界发出邀请》阅读量100万+，来自公众号"洛阳网"。

《今天，柳州正式向全世界发出邀请》阅读量70万+，来自公众号"柳州播报"。

《今天，北海正式向全世界发出邀请》阅读量20万+，来自公众号"北海东西"。

这三篇文章都通过"地域圈层传播+身份标签展示"成为爆款。《洛阳，向全世界发出邀请》的传播上限更高，是因为洛阳人口更多，文章的传播圈层更大。

而一篇文章的传播受众，如果针对强关系密度圈层（地域、年龄、行业），会更容易实现圈层传播，但是很难出圈。以《洛阳，向全世界发出邀请》为例，如果受众不是洛阳人，也不认识洛阳的朋友，虽然也有可能因为好奇点击这个标题，但是分享文章动机几乎为零。所以，这篇文章只会在洛阳这个地域圈层刷屏。

公众号"视觉志"2017年发布过一篇阅读量7000万+的超级爆款文章《谢谢你爱我》，这篇文章由十几个感人的故事组成。无论是成都人还是北京人，无论是"90后"还是"80后"，无论是媒体人还是医生，他们的分享动机并不会因为身份属性的不同而发生变化。因为绝大多数人都喜欢阅读美好的内容，而分享美好的内容还可以获得一定的社交货币[①]。

二、微信公众号内容涨粉的底层逻辑

用户关注指数 ＝ 未关注用户点击量 × 完读率 ×（独家感＋价值感＋确定性）

未关注用户点击量 ＝ 分享量 × 标题的朋友圈打开人数＋转发量 × 标题的私聊打开人数＋来自非微信公众平台的内容点击量

独家感：让用户觉得，这个内容只在这个账号才可以看到。

价值感：让用户觉得，这个内容对自己有用，包括物质层面、精神层面。

确定性：让用户觉得，这个账号的下一条内容也会带给自己类似的价值。

当一个没有关注该账号的用户，通过阅读该账号的文章明显感受到了独家感、价值感、确定性的存在，就会有很大概率选择关注该账号。而前提是该文章具有"传播力"。

---

① 社交货币指一个人的品牌、口碑、信任度、社会影响力等形成的无形资产，在社会交往中可以获得他人授信的总量。

三、如何增强用户黏性

（一）让普通用户变成"铁杆粉丝"

第一步，建立认知，让用户认识到账号的价值。简单来说，就是让用户明白关注这个账号有什么用。这个"有什么用"，可以是"获得知识、解决问题"，也可以是"赏心悦目、心情舒畅"。用户认知的前提，则是账号明确的价值定位。

第二步，有效的广义互动。什么是"广义互动"？就是各种形式的内容曝光与用户参与。从阅读一篇文章，到听一段语音、看一个视频、参与一次 UGC[①]，都是广义上的互动。一次互动如果加深了用户对账号核心价值的认知，那就是有效的。而这个有效程度，取决于账号的内容形式与质量。

第三步，占领心智。在某个特定的场景下，账号的关注用户没有收到账号的内容，却能主动想起并打开账号查看，这就意味着已经有了较强的黏性。

第四步，人格魅力。人格化不是在形式上给账号起一个名字，而是让用户真正感受到账号是独一无二的存在。所谓人格，即是不同，因为不同，所以喜欢。

（二）通过私域流量提升用户关系

私域流量对于"提升用户关系"的意义，远大于"提升用户数量"。

在"建立认知、广义互动、占领心智、人格魅力"的用户关系提升流程中，以朋友圈、微信群等形式为主的私域流量虽然不能改变用户的认知，却能大幅提升广义互动的效果，其中包括互动密度的提升，以及互动形式的加强。比如，利用朋友圈和社群增加内容的有效曝光量，通过语音、小视频等强互动形式加深用户对账号的认知，等等。

---

① UGC，即用户原创内容，此句指用户将自己原创的内容通过互联网平台进行展示或者提供给其他用户。

（三）减少用户的取消关注行为

取消关注很正常，关键是要搞清楚用户为什么取消关注。

将"用户预期"作为每一次推送的核心考量，同时降低对"标题点击量"的要求，认识到"超出预期"的重要性。

用户取消关注一个账号的原因主要分两类：

第一类，非系统性取消关注，瞬间足够反感。比如，一个给了用户很高期待的标题，内容却让其十分失望，甚至文章里的观点引起用户的强烈不满、不适。

第二类，系统性取消关注，长期没有价值。比如，用户知道账号的价值是什么，但其已经没有对应的需求；或者，用户根本不清楚账号价值，通过"断舍离"让自己的关注列表更清爽。

这两类"取消关注"，虽然都由"价值定位、内容运营、用户运营"共同决定，但实际操作中，运营者必须优先解决"非系统性取消关注"。

一个健康的账号是每天取消关注的用户占比少且稳定，没有剧烈的起伏，而不是没有用户取消关注。

（四）做好内容的数据分析，深度了解账号用户

数据不会骗人，它比账号运营者更懂用户。养成数据分析的习惯，会给账号运营持续带来帮助和价值。

关于数据分析，有3个实用的小技巧。

技巧1：分析头部大号以及自身公众号的前10分钟阅读量。前10分钟阅读量大多来自"公众号会话"，也就是已关注这个公众号的用户。每一次推送的时候，都可以预估一下标题的前10分钟阅读量，并验证自己的预估，有助于提升运营者对于标题与选题的敏感度，并提升运营者对"标题是否吸引点击"的判断力。

技巧2：区别"转发"与"分享"，并分析"转发"与"分享"的比例[①]。估算每一篇文章的"分享人数"与"转发人数"的分别占比，不仅可以知道用户喜欢分享、转发什么样的文章，更可以知道什么样的文章适合被转发，什么样的文章适合被分享。

技巧3：创建 Excel 表格，将每篇文章的标题及标题对应的文章数据填进去，一列一列地进行降序或升序排列分析。根据结果，积累和迭代用户喜欢的"关键词"和用户不感兴趣的选题。

第二节　微博话题传播与情感认同

从当年门户时代破局，再到社交网络时代的传承，微博用一个非凡的跨度论证了10个关键词：发现、分享、发声、记录、交锋、创新、公益、互联、见证、推动。每天都有数以亿计的网友在微博上围观、分享、互动，无论平台或者媒体，最主要的功能是成为当下的记录者，并通过记录与观察，让传播这一社会生存中的基本资源发挥其最大推动价值。实现影响力出圈，定义大众的审美趋势，能够让传统语境主动迎合，微博正在二次裂变式传播中寻找大众的情感认同。

一、话题设置对网民情绪的引导

新媒体技术飞速发展的今天，社交媒体也在无形中促进人类社会的发展变化。在"人人都是自媒体"的社交环境下，任何人在任何地点、任何时间都

[①] 分享：朋友圈阅读人数；转发：聊天会话，微信好友或微信群。分享的意义大于转发。

可以是表达者、参与者、分享者，这就形成了狂欢、戏谑、愤怒、哀伤等人类情绪集中爆发的表达过程。当积累、传播、再发酵相遇时，往往会引爆原有话题，从内容到用户，从议题承载到二次发酵，微博的能量场被无限放大。

2022年1月12日，封面新闻微博首发"重庆女子怒剪婚纱事件"，引发网民持续讨论，从剪坏婚纱女子承认错误到赔偿谈判，巨大的声浪一直在推动事件进程："因3500元定金纠纷剪坏近7万元婚纱""怒剪32件婚纱女子只愿赔3万""遭怒剪32件婚纱店发声"，不断拉锯的赔偿谈判，怒剪婚纱女子的情绪反复，舆论跟随事件走向起起伏伏。一条条被转发的微博在最短时间得到了最大限度的传播，热门话题推波助澜，让广场式的信息浏览具有了聚光灯的特别效果。

情绪需要引导，这时候议题设置可以将观点聚合，降低不利情绪，引导网民理性看待。"如何看待怒剪婚纱事件""怒剪婚纱事件达成5万元赔偿协议""怒剪婚纱女子称当时行为过于冲动"，从A方到B方，从B方到A方，舆论分别向两方拉锯，但观点从交锋走向融合，最终让人物矛盾趋于缓和。纵观整个案例，明显看出网民情绪的急剧变化，从谴责、声讨、同情到理智，其中媒体的话题引导起到了重要作用。最后，剪婚纱女子自称"当时行为过于冲动"，真诚的歉意与孕妇的特殊身份，得到了网友的谅解，整个事件的声浪渐渐平息下去。

在一些特殊事件中，微博意见领袖将事实与情感有机结合，有理有据地表达自身观点，同时引导着社交平台上的情感偏向，将信息和情感迅速传导到数量庞大的粉丝群体中，这就是微博的"二次裂变式传播"。微博作为当下情感表达的重要平台，经常上演着情感动员的角色。微博上很多表达并不是单纯的情感宣泄，在一些特殊事件时期个人或群体利用微博发布只是为了达到特定的目的，激发网民一定的情绪，赢得网友的支持，影响事件的发展。

二、舆论热点与公众的情感表达

社会发展变迁转型过程中，社会结构、公共制度、法律法规等不同领域的发展变化，塑造了这一时期内公众特殊的基本情感。对于每天发生的各种类型的公共事件，媒体都基于一定的框架加以报道，但总有一些事件报道会引发"爆点式"讨论。发生于 2022 年 6 月 10 日的"唐山市烧烤店暴力群殴四名女子的恶性事件"，成为 2022 年上半年最大的社会舆情热点之一，不仅持续时间长，而且关注度高。

事件发生第一阶段，信息在不断进行阶梯式传播，"唐山政法委书记回应打人事件""唐山打人事件暴力程度令人发指""律师谈唐山烧烤店多名男子围殴女生""烧烤店被打女子已无生命危险"，大众关心的焦点从打人者转向受害者，政府的及时发声处置为平息网络舆论起了很大作用。

事件发展第二阶段，封面新闻开设议题"唐山烧烤店打人事件，你想说____？"让网友积极参与互动，有了情感宣泄出口。之后，连续推出话题"媒体评唐山烧烤店打人事件"，对舆论进行引导，试图让网友从愤慨走向理智。

事件发展第三阶段，新闻聚焦的话题从受害者转向行凶者，"唐山烧烤店打人事件 2 人被刑拘""唐山烧烤店打人事件抓获 8 人""唐山打人者陈继志妻子发声"，以法治手段惩处行凶者，是对受害者的安慰，也是对公众的交代。在这个过程中，又起波澜，"唐山烧烤店打人事件报警女生发声""唐山打人案有伤者掉了几颗牙""唐山烧烤店老板称被打人者威胁"，新的舆论声浪久久不能平息。所以，媒体的话题引导尤其重要，"如何保障公众安全感""网曝无辜者简直不可理喻"，最终让恶性事件走向良性处置。

在公共事件中，人们倾向性认为弱者是值得同情的，人人积极表达自己的态度，支持着自己认同的舆论"至高点"。一些特殊情感的层层累积在一定程度下会激起剧烈的反应，在网络不断发酵且态势不可控制的情况下，谁占领舆论"至高点"，甚至可能决定事件发展走向。在大众传播时代，某一事件发生后，当事者可能来不及思考对策及解决方案，一切都处在直播状态，事实尚未结束，但情感道德框架、价值观念已同时传播。如何让传播空间重构，以满足大众情感宣泄，这是个值得研究的问题。

三、快评推动新闻事件快速处置

2022年7月，发生了一件匪夷所思的新闻事件——"南京玄奘寺供奉日本战犯牌位长达4年之久"，7月22日凌晨，南京玄武区民族宗教事务局回应表示：将对伤害民族感情的行为一查到底。封面新闻针对此次事件立即组织封面快评《南京玄奘寺事件必须查清严惩》，"这是对国人良知的严重挑衅，是对国人感情的严重伤害。回顾历史，环视当下，南京玄奘寺如此恶劣行径，怎能容忍？"同时，编辑将评论文案简化，进行视频拍摄、剪辑，全平台同步发布。观点犀利，立场明确，一度登上微博热搜前十。紧接着，人民网、《中国青年报》、澎湃新闻、《新京报》等多家媒体都推出相关评论。"直面热点、理性述评、针砭时弊、激浊扬清"，评论在一定程度上推进了整个事件的快速处置——7月24日深夜"南京通报玄奘寺事件调查情况"，之后"南京处理玄奘寺事件责任人""南京玄奘寺原住持道歉"。

整个事件处置力度较大，随着当事人吴某落网，真相展露在大众面前，经公安机关广泛走访、全面深入调查，吴某供奉侵华日军战犯牌位属个人行为，未发现其受人指使或与他人共谋的情况。据吴某供述，她到南京后了解到侵华日军战犯的暴行，知道了松井石根等5名战犯的罪行，遂产生心理阴影，长期被噩梦缠绕；在接触佛教后，产生了通过供奉5名侵华日军战犯"解冤释结""脱离苦难"的错误想法；同时了解到美国传教士魏特琳女士在侵华日军南京大屠杀期间保护女性的善举，因受战争刺激，回国后在家中自杀，想通过供奉帮其解脱。通报指出，吴某严重违背了佛教扬善惩恶的教义教规，严重破坏公共秩序，严重伤害民族感情，造成恶劣社会影响。这时，封面新闻相应的评论再次推出《历史岂能忘记，民族情感岂容践踏》，对吴某的恶劣行径予以谴责，并强调我们任何时候都不能忘记侵略者所犯下的严重罪行。

纵观此次新闻事件，新闻评论表达了立场和情感，具有超越自身情感和个别利益的社会责任和公共关怀意识，既表达了独特认知价值，也对爱国主义教育进行了更深层次的传播。

第三节　短视频运营策略

随着近几年来 4G、5G 技术的不断发展，移动端一跃成为主流传播载体，各类短视频 App 应运而生，新闻内容的传播方式也随之发生了翻天覆地的改变。前几年，微博平台成为舆论发声地，而如今，越来越多的声音和创意不仅仅来源于微博，更来自以秒计算的短视频。

短视频是指在各种新媒体平台上播放的、适合在移动状态和短时休闲状态下观看的、高频推送的视频内容，时长几秒到几分钟不等。由于内容较短，可以单独成片，也可以成为系列栏目。

国内短视频行业已经经历了四个阶段，分别是蓄势期、转型期、爆发期和平稳期。2016 年短视频行业崛起并快速发展，2018 年至目前，短视频行业已经迈入发展成熟期。

近年来，短视频用户规模持续增长。据中国互联网络信息中心（CNNIC）发布的第 51 次《中国互联网络发展状况统计报告》，截至 2022 年 12 月，短视频用户规模 10.12 亿人，较 2021 年 12 月增长 7770 万，占网民整体的 94.8%。2018—2022 年间，短视频用户规模从 6.48 亿增长至 10.12 亿，年新增用户均在 6000 万以上。

2016 年 5 月 4 日，封面新闻 App 上线。封面新闻致力于为亿万年轻人提供正能量、年轻态、视频化的精神食粮，努力成为年轻人探索未知世界的窗口。2017 年伊始，封面新闻开始走向全面视频化之路，以移动优先、视频优先、故事优先，全方位部署将内容视频化呈现的战略目标。此外，推荐算法、机器写作、人脸识别等技术在媒体领域得到广泛运用，封面新闻立足西三角，面向全中国，如今已建立起新媒体传播矩阵，成为西部最具影响力的媒体机构。

对于新闻资讯深入视频领域，可从平台和账号认知、内容制作、运营传播三个角度着手。

一、平台和账号认知

（一）平台认知

视频时代的风口浪尖，想要做短视频，应如何选择平台？

根据《2023 年中国短视频行业全景图谱》，目前短视频行业主要上市公司有快手、腾讯、百度、哔哩哔哩等。短视频内容分发参与平台众多，移动短视频 App 有抖音、快手、腾讯微视、西瓜视频、好看视频、梨视频、微信视频号、央视频等，内容分发平台有社交类应用如微信、QQ、新浪微博、小红书，资讯类平台如知乎、今日头条，此外，传统视频平台也涵盖短视频内容分发，如腾讯视频、优酷视频、哔哩哔哩等。

行业发展历程可概括为："两强"格局形成，行业步入稳定期。短视频行业萌芽于 2011 年，快手、微视、美拍等都是早期的参与者，之后在智能手机、移动互联网、4G 技术的发展推动下，行业快速发展。2016 年抖音横空出世，强大的算法推荐机制向用户精准提供了大量优质的短视频内容，广告变现规模迅速增长。近年来，短视频行业已形成"抖音+快手"的"两强"竞争格局。由于内容视频化的趋势加深，微信、微博、小红书等社交平台也加入了短视频功能，进一步增强了短视频的渗透率。

（二）账号认知

短视频涉及流量，要精准流量还是泛流量？如果这个粉丝不能变现，意义又在哪里？在账号建立之前，这是每一位创作者需要思考的问题。

当下，对于账号定位主要有两种模式：第一，泛流量赛道起步，有粉丝基数后再转做精准流量；第二，直接做深度垂类内容，抓取精准流量。但这两种模式，往往都暗含容易走入的误区。

先泛后精模式：粉丝标签难建立，难变现。为快速涨粉，前期什么火就发什么，虽然能大量博取关注，但后续走入变现则面临困难，粉丝提纯的时候遭遇大量取关，定位越来越模糊。

精准流量模式：实际操作中，几乎不成立。第一，精准流量是为了尽快打通变现通道，但从零开始的账号不可能一来就有精准流量，也难以保证每一位粉丝后续能转化变现。第二，内容制作上选题受限，每一条内容只瞄准自己的产品，围绕产品变着花样安利，难以让用户产生好感，目的性太强往往适得其反。

因此，大可不必在账号认知上钻牛角尖，而是可以选择第三种模式，既要泛流量，又要精准流量。每一条视频，既要有围观群众，又要有精准人群。即使围观群众留存率低，但他们往往会给账号视频贡献不低于30%的完播率，甚至会有一些附带的互动行为，给账号内容增加热度。

（三）账号垂直

当下，短视频进入白热化竞争阶段，平台对于内容创作者的要求一再提高，对于优质的垂类内容需求加大。

需要注意的是，账号垂直并不是赛道垂直，做垂直账号并不是聚焦某一个产品赛道，而是要关注赛道、产品背后的价值，做内容的核心是要抓住这个价值。抓住价值后，账号发布的内容获得粉丝认可，粉丝成为账号目标用户群体，账号就实现了关注垂直。

在实现账号垂直、关注垂直后，创作者向网友输出的实际上是个人或某个品牌的价值，一旦粉丝接受这样的价值观，就代表账号的流量是成立的，账号就有了巨大的自由：变现自由、内容自由。粉丝认定了账号的价值之后，就可以进一步做付费垂直（知识付费）了。

二、内容制作

新闻资讯的短视频制作实际上是将新闻转化为视频化表达，比起文字、图片时代，视频传达更加立体饱满。除文案外，在内容制作上更加注重画面处理、声音渲染。一条好的爆款短视频，剪辑节奏也非常重要。

（一）六大分类

第一，国际国内头部热题，即当下全民关心的题材，如处于事发期的俄乌局势、土耳其地震、东航 MU5735 坠机事故等。此类题材对账号信息增量、内容差异化、核心画面要求较高。

第二，新闻快资讯，以传递快消息为主，如突发类快讯、民生信息等。此类题材对信息价值要求较高，对核心画面要求较低。

第三，突发新闻，三字口诀：准、快、简，对核心画面要求较高。

第四，泛资讯类，新闻性较弱，娱乐性较强，调和账号属性、平衡内容。此类题材对核心画面及剪辑思路要求较高。

第五，暖新闻，正能量，对用户来说接受信息最简单直接，也最易动人，但对核心画面要求比较高。

第六，猎奇类，奇闻轶事，抓人眼球，需要求真、求证，保证内容真实性。

（二）四大原则

结合新闻机构特有的内容发布属性与视频传播属性，资讯短视频传播一般遵循四大原则，即真实性原则、内容稀缺原则（核心增量、独家首发）、情感共鸣原则、黄金5秒原则（高潮前置）。

（三）情绪价值

根据中国社会科学院社会学研究所社会心理学研究中心与智媒云图联合发布的《民众美好生活需要调查》，承载着愉悦、感动、鼓舞三类正向情绪的短视频更易获得认可，美好生活类短视频内容呈现出连接、创新和驱动三大优势。

而情绪价值，也是高转化爆款短视频的核心密码。

情绪价值不仅是温声细语，还有暴躁、愤怒、亢奋、夸张，愤怒也有价值，暴躁也可以感染。当然，这种最低门槛的使用方式最容易模仿、最容易泛滥，也最容易产生审美疲劳。

如何实现情绪价值？在短视频中，一般通过声音、画面、文案、剪辑节奏来实现。利用配乐烘托情绪，动人文案引起共情，节奏把控观众心理……一条爆款短视频往往将几个要素叠加，同时呈现，最终找到用户的情绪刺激点，引发用户的点赞、评论、转发等互动行为。

三、运营传播

（一）标题适应算法逻辑

如何获得曝光和流量？这与视频的点击率、题材热度、内容质量、推荐量、完读率/完播率及互动数有关。

其中，点击率是用户对视频中新闻有认知、进行互动转发的基础，因此，标题不只写给人看，也是写给机器看的。

流量和点击率是网络新闻标题的最终目的。网络环境下，标题写给网友看，相比内容空泛、概括性高的"虚"的标题，以简洁明了的方式将最大量、最重要的信息传达给受众，才能吸引用户点击。

标题也是写给机器看的，相比概述性的"虚"标题，直接亮出增量和新闻点的"实"标题更能优化检索，让机器识别、排名，搜索引擎收录和推荐。

标题是新闻的眼睛，细节标题如何起，取决于新闻标题的价值判断。好的网络标题通常有这样几个特点：

实：少喻多白，就实避虚。

新：最新动态，核心增量。

动：先声夺人，多用动词。

（二）信息密度与画面叙事

资讯短视频时长一般在 10 秒左右。为保证视频内容的可看性，创作者需要强化内容信息密度，包括画面信息、文字信息、节奏信息等。

但视频时长并非越短越好，视频表达的核心是画面叙事，简单的信息排布 + 文字陈述，难以赋予一条视频生机，也必然会影响传播效果。因此，在制作过程中，掌握剪辑节奏和画面叙事至关重要。

（三）网络新闻规范

1. 屏蔽词

除常规的涉及暴力、色情等内容外，一些为了吸引眼球、可能带来不良导向的词语也不能用。如畜生、土豪、沙雕、萝莉、屌丝等。

2. 时间

新闻讲究时效性，但有时一些回访性新闻或人物类稿件要规避在一开篇就出现时间的问题。一般平台对新闻时效性的判定是在新闻发生三天以内，因此，若视频画面一开头就出现资料画面，会影响推荐。新闻中出现太久远的时间，也会影响推荐。

第七章　网络媒体的运营

如果想形成超级爆款，需要注意网络新闻规范，作品不能有任何瑕疵。以上规避内容也视平台而定，不同平台会有不同的屏蔽词。

3. 禁用画面

在资讯视频传播时，一些涉血腥、暴力、色情的画面不宜展示，应打马赛克，这不仅是新闻伦理的需求，也是平台应遵守的传播底线。此外，在资讯视频传播中，画面核实是当下规避假新闻的重要方式，包括核实新闻画面的真实性、时间、地点，是否摆拍、是否同题材其他新闻画面等。这些画面如未经核实，极易形成假新闻隐患。

4. 禁止出现含有推广、广告、恶意推广的信息等

第四节　爆款短视频分析

新媒体发展跨越式变迁，短视频新闻一度经历野蛮生长的粗放状态，内容真实与安全无法有效保证，如何将主流媒体的主流价值在以内容算法推荐为主要模式的平台呈现成为媒体的核心课题。由《新闻联播》《主播说联播》进驻抖音、快手现象级事件可见，以接地气的方式加上坚定的主流态度更符合时代潮流，也让传统主流媒体焕发出新的活力。那么，如何进一步在短视频平台扩大传播力、影响力、引导力、公信力？如何用流量动力推动优质新闻传播，实现爆款流量与内容价值的双向奔赴？

一、爆款短视频的鉴定与特征

（一）爆款短视频的鉴定

大众认知的爆款短视频，数据呈现为抖音、快手点赞量超过百万，视频号

传播、点赞量达到 10 万 +，但其实由于账号体量不一，对爆款短视频的定义也各不相同。短视频算法推荐核心考量点击率、完播率、互动数（评论＋分享），刺激平台的自发推荐进入大圈层流量池，一个视频必须同时满足以上条件才有机会成为爆款，进入账号所能触达的极限流量池即可称为爆款短视频，更进一步实现跨平台、破圈式传播。

实际上，算法考量维度分别映射以下几点：媒体输出的内容是否匹配目标用户的碎片化接收信息习惯，在有限时间内是否传递最有价值的内容击中用户痛点，促使用户从纵向链路裂变为"繁星节点"，从接收者自觉成为传播者，让主流媒体的声音被更多地"看见"。

（二）爆款短视频的特征

通常情况下，爆款资讯视频从题材上来看，具有与用户利益、情感联结，与时下热点关联，内容稀缺、有核心增量，高潮前置、直击主题四个特点。

1. 与用户利益、情感联结

相比传统新闻视频，短视频除时长变短外，还具娱乐社交属性，情绪即用户行为动能，必然也是表达的核心，细节制胜。通过音画感受，造成共鸣、好奇、思考感受，引爆情绪点与看点。而类似民生信息、涉及群体利益与地域性的内容，会对用户生活产生实际影响，切中痛点。

2. 与时下热点关联

全民关心的题材本身具备流量，借助推荐机制，可以达到事半功倍的传播效果。除了热点事件需要"靠天吃饭"，选好时间节点切口，通过预判策划也能取胜。

3. 内容稀缺、有核心增量

新闻短视频目前已是一片"红海"，传播规则不再是圈地自营，原创能力成为差异化核心竞争力。所以，要用新闻切口与稀缺增量为账号品牌赋能。

4. 高潮前置、直击主题

媒体在短平快信息流中与用户建立认知吸引，往往是一个视频服务于一个主题，精准地打直球方式更加考验新闻工作者的核心提炼能力。

二、爆款短视频的制作

情绪是用户行为动能，是短视频表达的核心。如果将一个爆款短视频从认知吸引到完成转化链路视为100分试卷，那么"文案+画面+声音+剪辑手法"就是其中的大题，创作者需要根据题材权衡比重，尽可能拿到更高分。

一是核心画面。核心画面是视频的灵魂，好的核心画面一般具有事发惊险瞬间、人物情绪爆点、现场感冲击力等特点。

二是声音。所有的背景音乐都不如现场同期声具有感染力，但如果只有同期声，有时候气氛无法烘托足够，这时候需要背景音乐的渲染。如何在前3秒抓住读者，声音至关重要。

三是剪辑手法。短视频制作对剪辑手法要求不高，但节奏卡点、合适的特效、分离音轨贴画面、抖音热门梗等思路十分必要，剪辑思路比任何技术和工具更重要。

四是文案。好的文案能给短视频注入灵魂，甚至起到起死回生的效果，但必须突出重点，直接点出增量和新闻点优化检索。制作标题时可以找准情感宣泄点，符合用户偏好，但不能脱离新闻事实。

例如，封面新闻抖音短视频《此刻，深圳机场歌声嘹亮！孟晚舟，欢迎回家！》登上多平台热搜榜，全网超5亿播放量，点赞超500万。孟晚舟归国是国际国内关注的大事件，覆盖用户突破了年龄和地域限制。封面新闻编辑制作团队在后方配合在机场的前方记者输出视频，满足

> 扫码阅读
>
> 《孟晚舟，欢迎回家！》

独家视角增量。短短 12 秒内，标题突出现场感、实时感，为机场群众自发唱《歌唱祖国》赋能，刺激完成用户爱国情绪与转发行为欲望，成为几乎满足所有爆款条件的优质短视频。

又如，封面新闻抖音短视频《妈妈桥边放下孩子欲轻生，下一秒英雄出现了》传播量超 2 亿，点赞超 600 万。本条视频由记者挖掘本地内容，生成原生热点，核心在于精细化剪辑放大核心价值，实现没有一秒、一个字、一个节点多余。监控视角下，前三秒画面，外卖小哥路过正放下孩子的妈妈，配合标题交代清楚所有背景，音画配合增强紧张感，扔车瞬间奔跑救下该名女子，完成第一次画面情绪点，但重点在于事件出现了第二次转折，画面最后随着音乐逐渐淡弱，外卖小哥默默转身离开落幅，增加了信息饱和度，给人意犹未尽之感。

扫码阅读
《妈妈桥边放下孩子欲轻生，下一秒英雄出现了》

三、爆款短视频的发展

面对海量信息，用户对内容的需求标准不断提升，情绪阈值也在不断提高，对深度优质的内容需求越来越大，而短短 10 秒的视频无法完整呈现事件的详细脉络与全方位解析。精品视频拆条与直播可以打破 10 秒算法魔咒，成为平台视角下的"非主流"爆款。

（一）精品视频拆条

媒体在短视频时代来临前始终迭代，具有深度挖掘能力与全时视频产品，类似精品深度、数据可视化、微记录等。不管任何形式的迭代，优质内容始终是不变的内核，将优质长视频重新拆条制作成适合短视频传播的产品，不失为一种好办法。

2023年6月，封面新闻推出《对话刘天池》精品视频，分上、下两集对话演员、导演、中戏表演系老师刘天池，讲述好演员是如何"炼成"的、"面瘫式"表演终将退出舞台等观点。在发布精品视频的同时，封面新闻抖音号、快手号、视频号通过拆条模式，拆解出极具话题性的5条短视频，同步推出长短结合的系列报道，实现千万级传播，也通过高品质视频提升了品牌形象。

（二）直播

新闻短视频迭代，相应的，短视频平台也在进化，直播变成与视频并驾齐驱的赛道，但直播受众的使用习惯与视频用户大大不同。数据显示，截至2022年11月，抖音用户数量在8.42亿左右，日活用户数超过7亿，其中直播日活用户超过4亿，每天超10万人开播。

2022年五四青年节，《最强大脑》选手、"有请潘周聃"当事人潘周聃做客封面新闻抖音官方账号。顶流当事人学霸潘周聃与正能量五四青年节擦出火花，直播观看超200万人次，冲上抖音直播高位热榜，拆条视频全平台长尾传播超5000万，经历以下三个流程：

扫码阅读
《连线潘周聃直播预告视频》

扫码阅读
《连线潘周聃直播拆条视频》

第一，预热，海报、预告视频、预热稿件多平台宣发造势。

第二，直播＋拆条冲热榜。

第三，独家人物采访实现长尾传播。

第五节　爆款竖屏小视频剪辑攻略

什么是小视频？是更短的短视频，需在十多秒内讲完所有细节，还是长视频的预告？应该很多人存在这样的疑惑。

先来看看"竖屏"视频的演进逻辑，由于数字技术和网络技术的不断升级，手机已经成为人们日常生活的必备品，它使用户在任何时间、任何地点都能观看视频，据中国互联网络信息中心（CNNIC）发布的第51次《中国互联网络发展状况统计报告》，截至2022年12月，我国手机网民规模达10.65亿，较2021年12月增长3636万，网民使用手机上网的比例为99.8%。近年来，视频用户不断从16∶9"横屏"画幅的电视、电脑向9∶16"竖屏"画幅的手机迁徙，手机慢慢成为人们生活的"第一屏"。

当视听端口改变、移动传输速度增快，各类视频平台相继出现，越来越多十几秒的竖屏视频进入了人们的视野，大众称之为"小视频"。因短视频和小视频的共通性，这里未严格将小视频和短视频分开阐述，可以将小视频理解为时长更短的短视频。当前，基于移动端口的新闻消费行为极速增长，人们观看每个新闻内容的时长也在缩短，创作者针对用户短、平、快的使用习惯来适配视频制作，可以获得更多流量与用户。

一、小视频剪辑思路

在制作竖屏小视频前，要区分小视频与一般短视频的制作方式。一般短视频时长更长，在剪辑上多为重制作、深加工。

小视频剪辑可用加法与减法两种思路。运用加法剪辑思路，需要寻找更多资料丰富视频层次，让用户获取更多信息，最终让视频具有长尾传播效应，但要注意严格控制时长，通常10～30秒，不低于7秒，因为竖屏对细节的呈现放大，营造出比较强的现场感，所以选取画面的每一秒、每一帧都需要有思考。运用减法剪辑思路，则是删除一切干扰项，选取最打动人的画面或情绪点，放大细节，让用户获得共鸣，让视频获得爆发式传播。

二、小视频选题方向

以《人民日报》小视频为例，新闻资讯账号的选题以热点事件和温情故事为主，通过碎片呈现、情感唤起等视听表达及叙事特点，营造出极具影响力及传播力的作品。

媒体账号小视频的选题主要分为新闻资讯和泛资讯两大类。其中，新闻资讯类又分为头部热题、突发新闻、社会资讯。这类选题要求内容信息价值高、有信息增量、有内容差异化，对剪辑要求不高；泛资讯分为暖心正能量、搞笑可爱萌、猎奇几种类型。这类选题新闻性较弱、娱乐性较强，制作上以画面为主、文字为辅，剪辑要有创意注入。

三、小视频剪辑技巧

小视频对剪辑软件要求不高，小到一个手机就能操作，熟练运用手机剪辑软件能帮助我们更快速出片。小视频剪辑不需过多炫技，只需最常规的平剪、匹配剪辑。一般来说，剪辑在保证视觉流畅和舒适的同时，最重要的是要调动用户观看情绪，想在十几秒内或者几秒内情绪到位、吸引眼球，是需要给予用户观感刺激的，可能是一个惊险画面、一个情绪爆点或一个矛盾冲突等。

（一）情绪

情绪和情感是人对客观事物的态度体验，视频所有的点赞或分享都带着情绪冲动，因为用户最终记住的不是剪辑，不是摄影，也不是故事，而是感情，是他们获得的共鸣。放大情绪细节，尤其是在小视频制作进入"井喷式"阶段，情感传播更是最常见的传播方式。

1. 多用人物镜头，捕捉每一个表情

基于竖版视频的互动感和沉浸式的体验，少用或不用空镜头，多用人物镜头，人物镜头会为用户营造参与感，更吸引人、打动人。

2. 画面干净、精选细节

从竖屏的画面语言来看，9∶16 的画布画面相对聚焦，加之小视频的短时长特性，用户观看时需注意力高度集中，所以画面尽量不超过 5 个场景，保证每个画面停留的时间让用户感觉舒适。画面不要杂乱无章，主体要明确；如果画面主体不明确，后期要采用局部放大或弱化无关信息的方式，突出主体。

例如，封面新闻抖音账号 2022 年 1 月发布的《妈妈桥边放下孩子欲轻生，下一秒英雄出现了》，视频素材呈现了几个动作画面：①女子放下婴儿；②女子转身爬上桥；③外卖小哥通过后视镜看到轻生女子；④外卖小哥弃车跨栏救下女子；⑤出租车司机停车将婴儿抱起；⑥私家车车主安慰轻生女子；⑦公交车司机拨打 110 报警；⑧民警赶至现场；⑨外卖小哥转身离开。一共 9 个画面，9 个人物，当这个选题制作成小视频时，只需选取其中 1～2 个人物，而外卖小哥救人画面能完整叙事，因此以外卖小哥为主，剔除掉其他干扰项，选取画面①③④⑨，呈现的叙事是外卖小哥在送餐途中，弃车狂奔救下轻生女子。这条视频最终获得近 600 万点赞，3 亿的传播量。

因为竖屏的呈现形式，横向环境画面的选取有局限性，环境叙事功能减弱，加之快节奏的叙事方式，所以小视频不宜表现多人物关系或复杂叙事。

3. 保留现场同期声

所有背景音乐都不如现场同期声更具感染力。在视频有现场同期声的情况下，尽量不要去掩盖同期声，甚至要放大同期声。但如果同期声显得气氛还不够，这时候就需要背景音乐的烘托渲染。同期声需以文字形式体现在画面上，作为辅助用户观看的一种方式。

情绪的刻意放大，也是影响事件传播速度和舆论倾向的重要因素。如果任由网络情绪从一般情感走向极端化,那么对于舆论引导和社会稳定都会有不利影响。所以,主流媒体如何正确建构情绪并将公众情绪引向积极也是至关重要的。

(二)节奏

画面剪辑点的选择对视频最终呈现至关重要。剪辑点选择恰当,视频节奏则自然流畅;剪辑点选择不当,视频节奏可能会拖沓,因此要充分利用好每一个动作画面。而一个恰当的剪辑点,是发生在节奏有趣的"正确"时刻,是用户关注画面焦点的时刻,可以推进叙事,与背景音乐的节奏也合拍。

1. 画面节奏

因小视频多为 PGC+UGC 的生产模式,素材来源多是平台用户自主拍摄或监控视频,画面通常不如预期,为了适配"竖屏"的长宽比,有时画面截取又有局限性。这种情况下,可以使用关键帧,用关键帧来进行推、拉、摇、移、跟,让画面与音乐合拍,保证视频整体节奏。而素材高清的情况下,则可以用裁剪获得中景、近景、特写来丰富视频,让画面层次感更强,画面动势更强。

2. 音乐节奏

在大众快速"刷屏"的时代,如何在 3 秒内抓住读者,背景音乐是重要因素之一。尽量使用平台高热背景音乐,情绪基调与选题匹配,几乎都是去掉前期伏笔,或者最多保留极短的前期伏笔,直接进入高潮。

四、将精品视频小视频化

针对用户短、平、快的使用习惯,精品短视频或长视频如何打破时长规律?可以根据平台算法及用户的使用习惯,进行小视频化制作。

(一)微叙事模式

小视频时长较短,很难做到完整地阐述故事,因此在内容选择上多围绕具体题材发表碎片化观点与看法,或者关注与题材有关的碎片化细节。例如,精品视频《南京女大学生失踪案，父亲拒绝嫌犯百万赔偿》，长达6分钟，整个篇幅以父亲讲述的方式呈现。当一条6分钟讲述视频分发到短视频平台，根据平台推荐算法，视频传播率会大打折扣，这时如果将叙事碎片化，再通过字幕、背景音乐重新剪辑，形成系列小视频《女孩父亲称嫌犯是祸害：他手段残忍，城府极深》《嫌犯家属提百万赔偿被拒，女孩父亲：不要你猫哭耗子假慈悲》《遇害女生父亲重走案发现场：只想对女儿说，爸爸给你报仇了》3条小视频，则会很快提升传播率。

（二）视觉碎片

碎片化传播给主流媒体带来了巨大挑战，也提供了新的发展契机。主流媒体应积极适应受众需求，融入传播新格局，一方面注重形式创新，另一方面加强内容建设，使作品短小且精炼。当制作一段画面，譬如救援画面时，应截取最惊险、最暖心、最感人的3～5个核心画面，再通过字幕、背景音乐进行编辑。

当然，碎片化呈现使主流媒体无法简单地遵循传统报道的叙事模式，制作中需要不断优化技术，在此过程中，剪辑思路比剪辑技术更重要。

第八章　内容科技的应用

当前，科学技术在传媒行业的应用越来越广泛，主流媒体开始以内容科技为核心重新定义新闻内容生产，但归根结底，内容科技应用的本质是让内容传播更容易，受众获取信息更便捷。

近年来，全国各大媒体都在发力内容科技领域，创作出一个又一个科技、内容、创意并存的内容产品。如封面新闻以5G通信技术为传播基础，大力发展视听内容传播，探索虚拟现实技术，带领用户"走进"新闻的方式逐步从MR（混合现实）视频、3D全景解析视频进化到AR（增强现实）、VR（虚拟现实）直播，并努力以更优质的视听内容发挥"科技＋传媒＋文化"的"媒体＋"优势，更好地为政府企业、民众提供各类内容支持。

第一节　智媒时代的内容创新

传统新闻生产格局下，媒体传播形式多以图片、文字、现场视频为主。随着互联网技术的迅速发展，新的交互方式的出现、多媒体表现手法的不断变化及海量数据的生成与应用，为新闻报道提供了全新的发展方向。

科技塑造智媒体，创新赋能新发展。在如今的传播形态下，科技在内容生产过程中占据着重要位置，如何用科技服务内容、服务创新，促进内容与科技的和谐统一，是每一个内容生产者都需要考虑的问题。

以内容科技为核心重新定义新闻内容生产传播，媒体面临生产方式和传播能力两方面的考验。以封面新闻的转型发展来看，智媒时代的内容创新从载体转型不断转向思维转型，生产方式和生产逻辑都发生了较大变化。

一、内容创新依托技术创新

以封面新闻内部的三次技术革命为例，技术的创新发展为媒体智能化生产传播转型提供了有力的支撑。

封面新闻的第一次技术跨越，是 2017 年在全国首批使用了 2K+4G 的高清网络直播生产技术，获得了在小屏上与电视媒体竞争的机会。此后，封面新闻的直播在全国产生了很大的影响力，在各大媒体平台长期位列媒体直播榜单前三。2017 年 7 月，刷新多个世界之最的港珠澳大桥建成之后，封面新闻成为第一家登陆到岛上进行海底隧道直播的媒体，《亲身体验！港珠澳大桥深海隧道贯通》直播播出后，获得超千万的观看量，在今日头条等平台的媒体直播榜中位列榜首。也就是在那一年，封面新闻制作的视频直播产品《俯瞰超级工程"川藏第一桥"》获得了中国新闻奖首设的媒体融合奖项，内容科技赋能的效果初显。

第八章　内容科技的应用

封面新闻的第二次技术跨越，是秉持"视频优先"的理念，把视频新闻产品形态作为首要的内容产品进行打造，通过短视频、Vlog、微纪录等视频产品形态，让内容更加立体。在这个时期，封面新闻视频作品《全乡村民化身"爬山侠"守护雪山！》荣获第三十届中国新闻奖短视频现场新闻二等奖。

封面新闻的第三次技术跨越，是将XR技术、三维技术等可视化新闻技术应用到了视频新闻的制作中，并逐渐形成全场景可视化新闻的生产体系。2021年3月，三星堆再醒惊天下，三星堆新一批"秘宝"重见天日。封面新闻在全网第一时间借助数据可视化、3D还原、动画模拟等技术，开启解读三星堆出土文物百科，"科技+传媒+文化"相互融合，形成了全网亿级传播的爆款。

二、内容创新的人才支撑及体系支撑

近年来，内容创新产品不断涌现。如封面新闻发布的《再醒惊天下，神秘黄金面具现世，3D还原三星堆全新发掘》创意视频，融合数据可视化、3D建模、动画模拟等技术，完整建模、呈现了祭祀坑的挖掘全貌，解读了主要出土文物的关键信息，并用极富印刷艺术感的动画，对三星堆的祭祀故事进行穿越时空与想象的演绎。在"2022 AI+智媒科技大会"上，封面传媒还运用了MR（混合现实）发布技术，即视频中真人讲解+虚拟背景+可互动特效、建模的形式，来发布最新的产品。这些都是技术赋能视频内容创新和新闻内容报道的良好示范，但内容创新需要人才支撑及体系支撑。

（一）人才支撑

以技术创新为基础的内容创新，需要传媒技术人才的支撑。如云展馆、云发布、云平台的设计，包括了三维云展馆、三维动画、云端发布、云论坛、大数据系统等数十个功能模块，如果要建成，参与人员的工种多达十多种，不但有前后端工程师、三维设计师、平面设计师，还有云端策展人等新工种。

从上述例子可以看出，内容技术人才建设领域主要包括三种类型人才，分

别是内容科技人才、互联网技术人才和衔接型人才。

在全场景、可视化新闻的理念支撑下，近年来，封面新闻在转型中做了三件事：一是全员视频化转型，构建全媒记者队伍；二是建立以内容科技为核心的智媒视听体系；三是在全新的分工下，重构"策采编审发考"流程，建立智媒采编体系。

一条全场景、可视化新闻的生产流程，包括记者采访到的现场，拍客、爆料体系提供的现场，视频技术还原的现场，需要懂视频的记者，懂拍客、爆料运营的编辑，懂三维、平面特效、VR技术的技术人才。这三类人才，就是5G时代内容科技人才团队最基本的构架。

互联网技术人才由技术开发和产品设计人员组成，全面提升新闻生产效率。封面传媒开发的"封巢"移动采编系统，为全场景、可视化新闻提供了移动采编、云端剪辑的先进工具，并为拍客系统提供了稿费结算和快速上传素材的智能媒资库功能，为内容科技的应用提供了有力支撑。

衔接型人才包括解决方案专家、数字策展人等全新的岗位，在云端展览、云端发布等项目中，为统合传媒和互联网科技提供整合服务，以形成"科技＋传媒＋文化"的合力。

（二）体系支撑

内容创新除了人才的支撑，严谨的"策采编审发考"体系支撑也是必不可少的。

在内容生产环节，需要对内容侧、技术侧等风险进行把控，提前梳理各环节可能出现的漏洞，并进行及时有效的封堵。在内容侧，坚守执行三审三校制度，坚持技术把关＋人工审稿双流程。人工审核则遵循记者—分管编委—执行总编辑—编辑的三审制发稿，三校包括编辑检查、一校、二校等层层把关审核。

同时，在技术侧，除了网络安全的技术加固防控，基于封面"智媒云"

第八章 内容科技的应用

版权管理联盟链的封面传媒区块链新闻存证系统，也对内容安全提供了技术支撑。该系统配备人工调控管理模块，在内容管理后台授权自动生成，具备安全性、实时性、标准性和易用性。通过该系统，记者采写的每一篇原创新闻稿件，一经发布即可实现"上链"，同步生成独一无二的存证证书，支持一键确权，以及区块链版权侵权责任追溯，为内容创新的版权保护提供了有力支撑。

第二节　内容科技创新案例分析

作为国家文化和科技融合示范基地，封面传媒依托自身"科技 + 文化 + 传媒"特色，寻找数字文化传播全新生态，向文物活化应用、数字文化发布、数字展览技术应用、数字文博产业研发等数字内容创新方向发力，打造数字文化国际平台。

在数字文博的创新层面，通过高精度扫描、高精度建模、XR 综合应用等技术，将展项内容数字化，将展厅的时间与空间于数字世界延展，将文化传播及内容创新的维度从展厅到移动端铺展开来。

封面传媒打造的中国（绵阳）科技城国际科技博览会（以下简称"科博会"）云展、封面数字艺术空间·三星堆数字展等，尝试主流媒体在数字文化内容、形式创新上的探索。

一、打造"云上科博"，领衔数字云展

与实体展览不同的是，云上数字展览不受真实世界时间和空间的绝对限制，用户可以随时在移动端、电脑端等设备登录上线浏览。这种全景再现和全时在线的特征，使云上数字展览成为有利于用户自主学习和研究的资源。封面

149

传媒在突破时空限制的基础上，充分发挥自身"科技+传媒+文化"的优势，将高新技术、人文、视觉设计、交互体验融合，将云展技术及应用发展至全国领先地位。

2020年9月21日，第八届科博会在科技城绵阳开幕。由封面传媒打造的第八届科博会AI+云博览平台，将现实世界的科博会"搬"到了云上，让每个人都可以在移动端观看。第八届科博会云展馆是四川范围内首次应用云展会标准制作的线上高科技展会平台，是国内第一批使用"智慧文博"展览方式进行线上云展的国家级高科技展会，也是全国首个将3D建模技术和云展交互能力延伸到展品一级的综合型开放式云展平台，既包含有云计算、R+视频新技术、大数据和AI等技术提升展览的表现力、体验感和互动性，也有赋予设计以意义，赋予符号以价值，赋予展馆以灵魂的整体理念。

2021年9月8日，第九届科博会在绵阳开幕。由封面新闻承建的第九届科博会云展馆于9月8日零时零分正式上线。在延续第八届科博会云展的基础上，封面新闻又将4项最新技术首次应用于云展：首次在云展中实现全景VR+3D模型+动效融合，首次在精品展位将多个三维互动模型和场景形成串联，首次将3D场景、2.5D视图、虚拟模型等多种形态进行融合呈现，首次在大型科技"云展览"上实现展位智能搜索。这些新技术的应用，进一步提升了云展的沉浸感和交互感。

二、发展"数字文博"，铸造"艺术空间"

封面传媒一直致力于参与三星堆及其他文化、遗址的文物活化应用、数字文化传播、文创生态建设和文化资产运营。其中，文物活化应用工程是三星堆文化传播最重要的基础工程，包含数字文物采集、管理、活化、展览的文物活化应用一站式解决方案。

封面数字艺术空间，即封面新闻在寻找数字文化传播全新生态、落实文物活化应用背景下进行的创意设计。作为四川首个沉浸式数字展馆及数字经济、文化交互发布厅，封面数字艺术空间融合了前沿的 XR（扩展现实）技术，具有强交互、可视化、沉浸感、展项兼收并蓄、迅速切换复用的设计原则和特色，以虚拟与现实结合的方式，满足数字文物内容的展示和发布、企业文化宣传等多种布展需求。

数字化技术在文博展览中，具有"利于文物保护""利于提高文物展览的质量和效率""利于文物研究工作的开展"三大优势。[①]

封面数字艺术空间建成之际的第一个展览——三星堆数字展，便对这三大优势进行了充分体现。在四川省文物考古研究院专家的指导下，封面数字文博策展团队在分析、了解、学习了三星堆目前发掘出的 8 个祭祀坑的文物构成和目前专家对三星堆文化的研究推理后，将三星堆的文化内容进行了空间与时间上的梳理、拆分与重构，确立了以代表性文物元素作整体设计风格，以 8 号坑文物作交互展示亮点，以三星堆文化研究作沉浸式视觉呈现的策展理论基础。在这样的理论基础指导下，团队对要展出的文物进行高精度建模，其精度达到"肉眼难辨"，并融合 AR、MR、3D 打印技术，让游客可以与文物建模实时交互，达到"以假乱真"的效果，游客不再只站在展柜外观看文物，而是可以"凑近看""360 度无死角看"，甚至"握在手上看"，团队还应用了裸眼 3D 视觉呈现技术，通过高清投影建模来沉浸式"还原"三星堆的祭祀现场。

这样的数字展览，真正意义上做到了在展项内容上实现从 2D 到 3D 交互上的内容创新和转变，突破了传统博物馆基于文物保护目的一直沿用的"陈列式""橱窗式"展览形式，从视觉和交互维度大大提高了展览的质量。同时，游客观看的是文物的高精度建模，而文物本身可以好好地被保护起来，完全避免了运输、异地维护的风险。展览内容也可以随时切换，省去了大量"布

---

① 纪善勤：《博物馆文物的数字化展览》，《文物鉴定与鉴赏》，2022 年第 6 期。

展""换展"的时间,提高了展览效率。文物的高精度建模也可服务于文物"数字孪生",助力文物研究工作。

未来,封面将继续以数字文物采集技术,将文物和艺术品变成数字资产;以线上云展,线下沉浸式数字展为载体,完成数字内容的活化应用及展览;以数字艺术品发行为手段,形成主流媒体为评判标准的主流数字文化圈。借助封面数字艺术空间,封面数字文传项目将发展出完整的数字文化传播产业全链条。

第三节 内容交互 H5 产品开发

HTML,英文全称是 Hyper Text Markup Language,中文全称为超文本标记语言,是一种基于互联网的网页编程语言。目前,HTML 已历经了 5 次重大修改。H5 即 HTML5,就是指第 5 代的 HTML,2014 年 10 月最终定稿,它也宣告了一个新的传播时代的来临。

相较于早前的四个版本,H5 之所以能引发如此广泛的效应,根本在于它不再只是一种标记语言,而是为移动互联网时代提供了一种全新的框架和平台,从而使互联网能够轻松实现类似桌面的应用体验。

从本质上来说,H5 只是一种网页格式或者一种网页表现形式,涉及内容非常宽泛。站在新媒体角度,从大众的理解来看,H5 就是特指那些利用 HTML5 制作出来的页面,这些页面将图片、文字、视频、音乐等融合在一起,通过某些动画视觉效果或者互动方式,来表达某种艺术效果或者推广效果。其跨平台性、媒体融合性、交互性的基本特征,使其在如今的内容生产和传播中占据了非常重要的地位。

一、H5 的分类

（一）展示类

展示类 H5 是最常见、制作最为简单的一类。这类 H5 没有特别的技术支撑和互动方式，只是单纯的图文或者视频、音频内容展示，日常看到的邀请函 H5、活动介绍 H5、成果展示 H5、会议要点介绍 H5 等，都属于展示类 H5 的范畴。

这类 H5 易操作，互联网上出现了大量的 H5 平台，用户只需要简单学习就可上手，不需要代码支持就能完成一个简单的展示类 H5 制作。

（二）互动类

互动类 H5 也是最为常见的一类。这类 H5 不仅要展示内容信息，更重要的是实现内容与用户的互动，从而实现内容的二次生产或者内容的裂变传播。

在互动类 H5 中，最为常见的就是测试答题类 H5，包括各类知识竞赛、性格测试等，可以刺激用户参与，更能让用户主动分享二次传播。此外，还有游戏类 H5、双屏互动类 H5 等，都属于互动类 H5 的范畴。让用户有参与感，是一个优秀 H5 的重要内核。

扫码阅读
《打开三星堆"盲盒" 这次揭秘"隐藏款"》

（三）场景类

场景类 H5，就是通过 H5 技术营造出某种特定的场景，通过场景拉近与用户的距离，引导用户参与 H5 体验。如"陌生人来点"场景、"微信群"场景、"微信朋友圈"场景、"报纸特刊"场景等，都是商业运用及媒体运用中经常会使用到的形式。

（四）视频类

如今用户对 H5 的动态呈现效果提出了更高的要求，基于此，视频类 H5

从单纯的视频元素展示变成了一种 H5 的主流表达方式。很多现象级的 H5，都是通过完整的视频，实现更高级别的视觉表达，弥补了 H5 技术本身在页面动态表达方面的缺陷。同时，还可以通过 H5 特有的技术方式，实现视频的多线程互动，实现 H5 互动性和动态性的完美融合。

（五）其他类

如今，越来越多的"重型武器"被用在了 H5 的制作上，包括 3D 技术、重力感应、AR/VR 等，因此也出现更多的 H5 类别。这些"重型"技术的运用提高了 H5 参与的门槛，也通过技术实力提升了 H5 的整体效果。

二、H5 如何助力媒体内容创新

（一）声画并茂传达内容

H5 作品具有多媒体属性，不再局限于单一或少数几种内容表现方式的展示。媒体在通过 H5 进行内容创作时，可以将记者生产的文字、图片、视频、动画、音频、VR、AR 等内容，通过特定的动画及互动方式，以声画并茂的形式进行内容表达。

在庆祝改革开放 40 周年之际，很多媒体都借助 H5 作品来呈现自 1978 年改革开放至今的巨大变化，比如《人民日报》与快手平台联合推出"改革开放版清明上河图"的《幸福长街 40 号》，以一张生动活泼的长图展现了改革开放 40 年来发生的关键事件和具有代表性的人物、音乐、电视剧等，通过特定的图片符号、声音、画面等反映了我国改革开放 40 年来所取得的成就。

（二）沉浸式叙事中提升用户参与感

新媒体时代，媒体通过 H5 作品，以图片、文字、音频、视频等多种形式，营造出真实感强的情境，给受众带来了沉浸式体验。这种场景化表达的叙事逻辑是从受众角度出发，第三人称的客观叙事角度被第一人称参与感取代，带来沉浸式体验，无疑会强化受众对于国家重大事件的认同感和关注度，拉近与受众之间的距离，进而促进新闻作品的多角度和立体化传播。

在庆祝中国共产党成立100周年之际，新华社推出的《2021，送你一张船票》H5以红船为串联，驶过祖国2021年的重大成就，驶过历史性时刻手绘图，使受众在观看新闻作品时有一种亲身体验的感觉，提升了用户的参与感。

（三）互动分享行为中实现裂变传播

媒体融合背景下，新闻报道趋向"去中心化"表达，普通受众由新闻内容的接受者变为参与者、转发者和分享者，而且用户可以实时发表评论，传播者与受众之间的界限逐渐模糊，普通受众也更积极主动地参与到媒介内容传播链条中，主动分享和转发自己喜爱的作品。

2017年8月1日中国人民解放军建军90周年之际，《人民日报》客户端和腾讯旗下的"天天P图"合作推出《快看呐！这是我的军装照》创意互动H5，在朋友圈里刮起了晒军装照的风暴，成为当年一个现象级的H5产品。军装照H5通过最简单又最打动人心的互动方式，引导用户参与并主动分享，最终实现裂变式传播，成为后来者争相模仿的对象。

三、H5在媒体运用中的新趋势

（一）内容为王，大主题、小切口

媒体在运用H5进行内容创新表达时，一定要把握内容第一、技术第二的原则。一个好的H5新媒体内容，绝不仅仅是炫技，而是通过H5技术让内容更好地表达，实现内容与技术的完美融合。

以第三十一届中国新闻奖的H5获奖作品为例，有关于抗疫、脱贫攻坚、抗美援朝等重大主题，作品数量占比非常大、质量可圈可点，呈现出重大题材着力报道、创新表达方式等显著特点。同时可以看到，H5获奖作品在重点呈现重大主题时，都是通过一些很小的切口进行创作的。

《宁夏日报》的H5《"挖"土豆》，通过挖土豆的小视角表现了脱贫攻坚的大主题；《湖南日报》的 H5《这些痕迹，刻在你脸上，痛在我心里》，通过一张张医护人员摘下口罩后"面目全非"的新闻特写镜头，讲述了最鲜活的战"疫"故事，通过他们脸上深深浅浅的勒痕、坚毅温柔的眼神、略显疲惫的微笑，表达敬意，传递温暖和信心，直击受众心灵，引发了强烈的情感共鸣。

（二）互动性强

在一个 H5 作品中，除了高效地展示内容信息，互动性也是必须考虑的因素。让用户在互动体验中获取信息，让用户在交互中生产内容，会让内容传播锦上添花。

在第三十一届中国新闻奖获奖作品中，芒果云客户端的 H5 作品《一张照片背后的这七年》获得了一等奖。该作品将十八洞村的 7 年变迁融入一个简洁生动的 H5 之中，让用户能够在一张照片的简单互动之中了解"精准扶贫"重要论述给十八洞村脱贫工作乃至整个中国扶贫事业带来的巨大指引作用。

《人民日报》的创意互动二等奖作品《今天，发条微信一起点亮武汉》，通过简单的点击图片后新旧切换的互动方式，契合了武汉从疫情的阴霾中走出来，走向明媚春天的主题，也给人满血复活、生机勃勃之感。

除了这些为内容服务的简单互动方式，新媒体 H5 作品也经常会运用一些复杂的游戏互动方式，来表现特定的主题内容。如北京广播电视台《2020 脱贫攻坚——阿中邀你助力奔小康》，以当下流行的跑步运动和手游为依托，嵌套多种交互形式吸引用户参与体验，通过阿中奔跑追梦的形式，在奔跑途中挑战五个不同类型的任务，展现了我国精准扶贫的五个领域。

（三）视觉冲击力强

一个优秀的新媒体 H5 作品，除了内容质量高、互动性强，视觉效果也是重要因素。海报新闻客户端 H5 作品《千里挺进大别山——山东湖北携手战"疫"故事》，通过 15 幅画来表现抗疫的 15 个场景。为了呈现出最好的视觉效果，页面上的 15 幅画全部为当地画院知名画家亲笔创作，用画笔再现战"疫"中的真实故事。原创画作、音乐与作品契合度高，情感传达准确、饱满，既有新闻性，又有艺术性。

（四）用户参与内容创作传播

媒体融合背景下，新闻内容传播不再是传播者与被传播者的单向传播，普通受众由单纯的内容的接受者变为内容的生产者和传播者，也更加愿意主动参与到媒介内容传播链条中，主动分享和转发自己喜爱的作品。

《人民日报》的《快看呐！这是我的军装照》H5 作品、央视的《幸福照相馆》H5 作品，都是鼓励用户通过简单的交互，参与 H5 内容的创作及传播，让用户更有展现和分享的欲望，从而实现裂变传播。

（五）长图叙事

一个 H5 作品首先强调的是内容，然后是技术互动，因此，很多媒体在创作 H5 作品时常见的方式是，运用长图 H5 来讲述一个完整的故事。通过类似于上下滑动查看新闻的形式，将一个完整的故事主题娓娓道来。

关于长图叙事最经典的一个案例，是澎湃新闻的《天渠：遵义老村支书黄大发 36 年引水修渠记》H5 作品。在该作品中，用户滑动屏幕，故事场景依次随时间线的推进切换，山洪暴发、炸药爆炸等音频还原现场，并通过 360°全景影像展现修渠的困难艰险。整个 H5 作品视角灵活操控变化，结合采访录音、特效动画等元素，打破媒介壁垒，使叙事紧凑、条理清晰。

（六）短视频的创新运用

在短视频的运用上，如今的新媒体 H5 作品已不再将短视频作为一个单纯的内容展示单元，而是将短视频作为 H5 作品中一个非常重要的元素，来提升 H5 的动态效果及视觉效果。用短视频开场，通过动态视觉效果吸引用户的关注，起引导作用，为后续的内容叙述做铺垫。

其中的代表作就是新华网的 H5 作品《大河奔流》，页面以一个极具视觉效果的 3D 动画短视频作为开场，与后续恢宏大气的整体设计风格完美契合，是新闻媒体推动 5G 富媒体产品与新闻报道融合并向纵深发展的新尝试。

新华网的 H5 作品《大河奔流》

在短视频融入 H5 作品的过程中，需要注意，短视频要尽量短小、精练。同时，即便制作的短视频够小、够短，也尽量给用户一个跳过的选项，避免用户产生被强迫观看的感受。

（七）新技术与内容的融合

智媒时代，媒体也紧跟时代步伐研究新技术，实现新技术和内容的完美契合。3D 技术、AR/VR 技术、重力感应技术等都已被运用到新媒体 H5 产品当中，如《你在天堂听到了吗？》《太空的见证》《革命诗词书写地》《VR 互动视频平潭大桥》等作品，都是其中的优秀代表。

第四节　AR、MR、XR 产品开发及应用

2019 年 1 月 25 日，习近平总书记在中共中央政治局第十二次集体学习时强调，党报、党刊、党台、党网等主流媒体必须紧跟时代，大胆运用新技术、

新机制、新模式，加快融合发展步伐，实现宣传效果的最大化和最优化。

近年来，各种虚拟沉浸式视听技术不断涌现，MR、AR、XR等沉浸式显示技术手段，让用户可以获得更类似于现场的"在场"体验。

全国的主流媒体也在不断探索虚拟沉浸技术在内容生产、传播中的应用，但无论是何种虚拟技术，最终都是希望用户产生身临其境的在场感、真实感，从而提升用户对内容的感知力，获得传播效果的最大化。

一、AR（增强现实）

AR（Augmented Reality）技术是一种将虚拟信息与真实世界巧妙融合的技术，广泛运用了多媒体、三维建模、实时跟踪及注册、智能交互、传感等多种技术手段，将计算机生成的文字、图像、三维模型、音乐、视频等虚拟信息模拟仿真后，应用到真实世界中，两种信息互为补充，从而实现对真实世界的"增强"。

事实上，AR技术已广泛应用到人们的生活中，比如手机拍照中的AR拍照、AR导航等，其本质就是把现实的场景和虚拟场景结合，再利用显示器显示出来。近年来，AR灯光秀作为一种新型表演形式被各大城市运用，用标志性的地标建筑结合AR技术，上演一场有独特文化内涵的灯光秀。2022年除夕夜，成都339天府熊猫塔就上演了一场AR灯光秀，通过网络向大家拜年。2022年4月，成都市龙泉驿区东安湖体育公园上演了专属于"蓉漂"的AR灯光秀。

随着AR产业的发展、元宇宙概念的火爆，具有普通眼镜形态的消费级AR眼镜逐渐走进大众视野。由封面新闻主办的2020新经济大会，就应用了AR直播眼镜，使用注意力捕捉技术，记者用眼神即可指挥摄像机，给观众带来最真实的拍摄画面，使其身临其境。

对传播内容来说，AR技术的使用有几个方面的价值。其一，AR技术使所传递的内容更为直观生动，信息也更加丰富多样；其二，新的视听效果将刺激内容生产者变革内容形式。

二、MR（混合现实）

MR（Mixed Reality）技术是 AR 技术的一种高级形式，是指混合现实技术。混合现实技术是虚拟现实技术的进一步发展，该技术通过在现实场景呈现虚拟场景信息，在现实世界、虚拟世界和用户之间搭起一个交互反馈的信息回路，以增强用户体验的真实感。混合现实技术最大的特点在于虚拟世界和现实世界可以互动。

封面新闻通过利用虚拟实景加混合现实技术、3D 建模等融媒报道新手段、新方式，在 2019 年 5 月推出了第一部 MR 视频，让观看者通过手机屏幕就能身临其境，领略"天险蜀道 雄关剑门"的壮丽景象。封面新闻后来也继续推出一系列 MR 视频，如四川乐山大佛 MR、"樊小妹"打卡传奇珙县 MR、雅安雨城 MR 等。

扫码阅读
《硬核来了！封面新闻一部 MR 带你穿越天险蜀道 雄关剑门》

《硬核来了！封面新闻一部 MR 带你穿越天险蜀道 雄关剑门》

三、XR（扩展现实）

XR（Extended Reality）是指通过计算机将真实与虚拟相结合，打造一个可人机交互的虚拟环境，这也是 AR、VR、MR 等多种技术的统称。利用硬件设备结合多种技术手段，将三者的视觉交互技术相融合，将虚拟的内容和真实场景融合，为体验者带来虚拟世界与现实世界之间无缝转换的沉浸感。

目前 XR 已成为虚拟演播行业的主流。在 XR 制作中，高质量的 LED 屏幕（通常呈现为环幕或球幕）会同时显示由图形引擎（通常使用 Unreal Engine 或 Notch）预先载入的 3D 虚拟环境，这些 LED 同时构成了影视拍摄或直播活动的背景。当精确的摄影机追踪系统被加入后，摄影机开始围绕着 LED 环境内被无缝结合起来的真实与虚拟元素进行运动，让通过摄影机视角观察的观众产生融合沉浸式的错觉。

在 2022 年央视春晚舞台上，XR 技术的应用一鸣惊人，通过"云舞台"的方式让无法到场的周杰伦、刘德华"出现"在"千里之外"的春晚舞台。为了带来更好的视觉体验，春晚舞台应用的 XR 技术不是简单地扩展现实，而是一套完整的工作流程，需要团队共同配合完成。在节目中，导演团队通过 XR 技术应用为刘德华的表演营造出 4 个空间感极强的虚拟建模场景，不仅能够让演员在榫卯结构的传统建筑中演唱，在礼盒搭建的魔幻空间里与机器人共舞，还能在年年有"鱼"的场景下遨游，并与现场演员隔空互动。[①]

目前，线上直播演出与 XR 技术的结合主要体现在两大方面。一方面，是通过建立全虚拟环境，表演者在绿幕背景下进行表演，然后利用技术手段将绿幕背景转化为预先设计好的虚拟视觉场景；另一方面，则是在真实演出场景中，将制作完毕的图像与真实图像进行结合，实现叠加的视觉效果。近年来，XR 技术不断发展成熟，并在娱乐晚会中得到越来越广泛的应用。

---

① 金晨：《XR 技术打开生活新"视"界》，《中国报业》，2021 年第 11 期。

封面新闻 XR 演播室

随着 5G 规模化部署与应用创新落地的不断推进，5G+XR 的模式正催生出包括社交、办公、娱乐、展览、教育等大批新应用场景，这将为 XR 产业提供广阔的发展空间。

第五节　未来趋势：元宇宙

元宇宙（Metaverse）一词，最早出现在 1992 年一本名为《雪崩》的科幻小说中。小说描绘了一个庞大的虚拟现实世界，人们在"Metaverse"里可以拥有自己的虚拟替身，人们用数字化身来控制，并相互竞争以提高自己的地位。这个虚拟的世界就叫作"元宇宙"。随着元宇宙的发展进步，在移动互联网和人工智能时代，越来越多的内容产品都会带有元宇宙属性。无论是新闻的内容呈现，还是价值传播的承接载体，科技属性越发明显。未来三年各大厂商、平台通过聚焦科技应用与学术创新，市场将呈现"数字化＋云化＋AI化"的主流趋势。

一、元宇宙构建"下一代"互联网

互联网诞生至今已经深刻改变了人们的生活方式，人们每天都依赖它来完成许多工作和交易。那么，随着互联网的发展，下一代互联网将如何改变世界？其实"下一代"互联网已经不是什么新鲜的词语，从互联网商用诞生至今，每间隔一个周期就会出现新的互联网技术升级，伴随而来的是新场景升级和变革。

回顾历史可以发现，计算平台对互联网应用的影响，在20世纪90年代PC是绝对的主流，后来手机崛起，逐步取代了PC，而今天随着AR、VR计算平台的迁移，互联网的应用也层层迭代。以社交为例，在PC上有QQ，到了手机上就是微信。在购物场景下电商也会经历同样的过程，在手机时代有数据算法，能够精准定位，推荐距离最近的饮食购物场所。而到了元宇宙时代，可能就会拥有一个虚拟替身，人们用虚拟替身面对面地交流。

20世纪90年代的"下一代互联网"是IPv6，2000年后的"下一代互联网"是Web2.0和NGN，2010年前后的"下一代互联网"是移动互联网、物联网和SDN等，2016年前后的"下一代互联网"是产业互联网、价值互联网和VR可穿戴互联网等。现在，"下一代互联网"又成了Web3.0、元宇宙、数字人和智能汽车等。[①]所以，可以说元宇宙就是下一代的互联网平台，AR、VR眼镜上的一个互联网平台。从这种角度上来看，元宇宙的范围非常广泛，包含了社交、游戏、购物、学习甚至支付。AR、VR穿戴设备是即将普及的下一代计算平台，元宇宙则是这种呈现的平台。

---

① 何宝宏：《元宇宙是下一代互联网吗？》，《经济观察报》，2022年5月3日。

二、元宇宙重塑未来传播新价值

2021年元宇宙概念突然爆发，Facebook宣布改名为Meta，引发行业的极大关注。同一年，字节跳动以90亿元的价格收购国内VR行业头部厂商PICO。封面科技公司成立XR工作室，主要进行AR、VR、元宇宙相关的内容探索。这说明元宇宙将是未来的兵家必争之地，世界数字大脑思维和梦境空间也必将有着密切的联系。

AR、VR的元宇宙平台基于新显示和新交互的数字空间，打破传统的二维终端显示，建立起虚拟的世界。当显示和交互有了如此大的改变，那么上层的应用也一定会改变。

这种计算平台的升级会让整个行业的格局进行迁移，当年从2G到5G时代，从PC到移动手机，都是这样发生的。

元宇宙核心的数字空间进化到三维化的数字人和数字环境，形成一个世界统一的沉浸式体验的三维数字世界空间，人与人、人与物、物与物的交互场景既可以是现实世界的镜像，也可以是创意设计出的数字想象世界。元宇宙的兴起可以看作数字空间向三维化阶段进化的第二次尝试。

从以社交网络为核心的数字空间发展看，元宇宙是社交网络从人与人的社交发展成人与人、人与物、物与物的大社交网络后，其构成的数字空间从二维向三维进化的产物。目前，关于元宇宙的社交、商业交易等特征在社交网络中都能找到，唯一欠缺的是三维化和沉浸感。

三、元宇宙将是未来媒体的新集成模式

此前，被称为"元宇宙第一股"的Roblox提出了通向元宇宙的八个关键特征，即identity（身份）、friends（朋友）、immersive（沉浸感）、low friction（低延迟）、variety（多样性）、anywhere（随地）、economy（经济）、

civility（文明）。其中低延迟、多样性、随地、经济、文明属于技术主体的平台端所创造的运作环境，而身份、朋友、沉浸感则是技术受众所在的应用端通过平台方所营造的各类场景中的活动。

可以看出，只有集合互联网发展全要素才能形成元宇宙。元宇宙是一个完整的新互联网下的整合体，将零散的、分段式的要素整合成一套有序运行的规则范式和组织体系，这将为未来媒体提供聚合性承载空间，也为社会发展构建了新的传播向度。此背景下，未来媒体的存在形态可能不再是一种可触摸、固定化的实体，而是由算法、人工智能以及区块链等技术所编制并赋予权重的复杂系统，代表着人与技术共存的双栖社会生态。

从本质上看，元宇宙的集成概念包含两大要素，即未来技术与社会体验。前者作为底层技术为元宇宙奠定了基础性支撑，在可延展、可融合、可触达三元架构下形成新的认识发生论和以交互导向为主的场景入口；后者则从结构性搭建的视角重塑生态平台上的各组成要素，其中数字化基建创造出高稀缺性空间价值，让产业互联网逐步过渡到体验互联网，且为进入元宇宙中的用户形塑出沉浸化、多模态的用户体验与自适应化的操作流程。媒介技术对个体的赋权还使海量的能量裂变式释放，开放式的底层设定奠定多主体共创共治共享的运行规则。

总之，技术对传统社会的深刻解构带来的一系列改变，意味着整个互联网社会从认知时代向体验时代的突破与转变，而游戏范式则成为理解传播现象的重要切入点，也是通往未来的重要线索。

第九章　网络评论的策略

新闻评论作为宣传鼓动、舆论引导的重要工具和直接抓手，一直发挥着举足轻重的作用。在新的传媒生态下，网络评论面临更高的要求。

新媒体平台的评论产品，与传统媒介的评论有着诸多不同，不仅要求新闻敏感度更高、成文速度更快，也需要充分适应网络舆论的传播路径，以最抓人眼球的方式把受众吸引过来。作为评论工作者，必须要有全方位的能力提升，努力在评论选题、标题打点及写作方式、表现形态上守正创新，只有更符合移动互联网时代的传播规律，才会起到更好的传播效果、引导效果。

第九章　网络评论的策略

第一节　网络评论运营

一、新闻评论的含义

新闻评论是媒体编辑部或作者对最新发生的有价值的新闻事件和有普遍意义的紧迫问题发议论、讲道理，有着鲜明针对性和引导性的一种新闻文体，是现代新闻传播工具经常采用的社论、评论、评论员文章、短评、编者按、专栏评论和述评等的总称，属于论说文范畴。

移动互联网时代，大量自媒体的推文重新定义了"新闻评论"，其创作主体、表达方式、价值取向等都发生了深刻变化。

二、意见与新闻评论

"意见"多是一种神经反射式的直觉判断，是一种下意识的反应，属于"第一感觉"。

新闻评论则是基于深度思考和逻辑思辨所形成的体系化观点，旨在使新闻内在的思想得以引申、提高与升华，直接阐明主张与思想。新闻评论以议论为主，讲究概念、判断、推理，要求论点准确、论据充分、论证有条理。

【案例[①]】

#越南# 过去的10年，越南股市除了2018年回报率为负数，其他年份回报都是正的，2017年回报率达到48.19%，2021年回报率也高达35.73%。

重要的胡志明指数5年翻倍，10年5倍。这正常吗？

[①] 为使全书行文符合汉语表达规范，行文不累赘，案例部分内容有修改或删减。部分负面案例对文章来源模糊化处理。

我觉得吧,越南股市真的让人义愤填膺,太过分了,大家说是不是?

(某财经大 V,2022 年 5 月 2 日)

这种表达难掩情绪化,在论点、论据及论证过程中存在明显的结构性缺陷,更多只能算是一种"意见"而非"评论"。事实证明,在随后不久,越南股市暴跌。

【案例】

突然暴跌!这国股市啥情况?

当地时间 5 月 9 日,越南股市出现大幅下跌。代表胡志明和河内两个证券市场的 VN30 指数下跌 4.31%,创下年内第二大单日跌幅。

越南股市为过去两年全球表现最好的股市之一,VN30 指数过去两年连续上涨,涨幅分别为 21%,43%。Wind 统计数据显示,越南指数在去年更是大涨超 130%,位居全球主要市场指数涨幅榜首。

但进入 2022 年,越南股市开始表现疲软,VN30 指数本月下跌 3.11%,年初至今下跌 10%。

事实上,越南股市疲软只是新兴市场在美联储开始加息周期后的一个缩影。印度 SENSEX30 指数近一个月下跌 9.7%,菲律宾马尼拉综指下跌 10.5%,泰国 SET 指数下跌 5%。

分析认为,美联储转向激进加息还可能对新兴市场产生多重负面溢出效应,增大全球金融稳定风险。不少经济学家担心,随着美联储进入紧缩周期,美元资产回报对投资者更具吸引力,资金将大规模从新兴市场回流美国,并可能导致高负债的新兴经济体出现债务违约。国际货币基金组织研究部门主管马哈尔·纳巴尔表示,美联储加速收紧货币政策可能增加新兴市场资本外流压力,推高输入型通胀,增大债务脆弱性,并挤压其政策空间。

(《证券时报》,2022 年 5 月 9 日)

《证券时报》此文，有观点、有论证，本身是逻辑自洽的，是有专业分析的，这就是超越于"意见"的专业评论。

三、从"夹叙夹议"到公众号式"述评"

新闻述评，又称记者述评或述评新闻，是一种以事实为基础的评论、以评论为核心的新闻。它是有着完整事实材料的新闻评论，评述结合、以评为主，集新闻报道和评论的职能于一身，既及时报道新闻事实，又揭示新闻事实的本质和意义，叙事和说理兼而有之。

述评作为一种有独特个性的新闻评论题材，一般都要对新闻事实进行比较全面的或多方面的介绍，既包括事实，也包括议论。

述中有评，评中有述，体现了由个别到一般、由具体到抽象、由感性到理性的认识规律，易于被人们所理解。由述而评，以评驭述，述评更注重材料和观点的统一，述评对新闻事实的叙述，都服从于观点。事实和材料的罗列，也要服从于评。

公众号式"述评"，作为自媒体写作的主要模式，突出了传统新闻述评的写作范式，经常体现出"立场先行"铺陈事实素材、"穿凿附会"过度解读、"以小见大"夸张化渲染等。

【案例】

请继续保护"北大韦神"

这两天最火的话题，全都围绕着一位学神。人称北大"扫地僧"的韦神，韦东奕。

事情很简单。一个由六个博士组成的科研团队，碰到一个技术性难题，折腾了四个多月都没搞定。刚好这个数学方程的问题，是韦神的研究方向。又刚好团队里其中一人的朋友在北大，和韦神是同事，就向韦神请教了一下。没想到，就一个晚上，韦神把方程式发了过来。团队一测试，完美匹配实验数据。六个博士一齐感叹："太超神了！"团队想给韦神打钱，表示感谢。韦神死活不要，说："太简单了，没必要要钱。"最后说了半天，只好给韦神充了交通一卡通。

这不是韦神第一次上热搜。去年五月，他拎着两个馒头，抱着矿泉水瓶接受自媒体采访时，就曾因"超神"刷过屏。他智商160+。

高一、高二连续两年参加国际数学奥林匹克竞赛，皆以满分获得金牌。高三被保送至北大。大三时参加第四届丘成桐大学生数学竞赛，一个人单挑清华和中科大。横扫华罗庚金奖、陈省身金奖、林家翘金奖、许宝騄金奖以及周炜良银奖。还拿下了当年数学竞赛的个人全能金奖。他师从田刚院士，拒绝哈佛打破校规的邀请，被称为"陈景润的接班人"。

可谁能想到，这样的天才，生活得如此"寒碜"？他觉得杀生不对，所以不吃肉。他觉得纯净水的制作过程污染环境，所以总是带着1.5L的空瓶子，去教学楼打温开水。他觉得空调费电，干脆把遥控器束之高阁。他不看电视，不爱社交，没有微信。如今一年过去，再看韦神，依旧如此。

箪食瓢饮，不改其乐。淡然纯粹，不改初心。别人笑话他，"这样活着有什么意思？"我觉得不是没意思，而是很多人不明白，"简到极致，就是大智"。化繁为简，不只是生活方式，更是修心。

（"王耳朵先生"，2022年5月9日）

与本文有类似写作方法的公众号文章大量占据网络，其行文通常是新闻事实占主体，中间穿插零碎式"点评"，如蜻蜓点水，点到即止。成稿速度极快，在运营上取巧，但这类内容的思想深度往往有限。

第二节 重大事件主题评论

一、舆论引导

作为主流媒体的新闻评论，应该把"坚持用正确的舆论引导人"作为创作的根本任务和最大追求。撰写社论、评论员文章、短评等，是影响社会舆论最直接的方式。

【案例】

高效统筹疫情防控和经济社会发展工作

4月29日召开的中共中央政治局会议强调，要高效统筹疫情防控和经济社会发展。

"新冠肺炎疫情发生后，如何在较短时间内整合力量、全力抗击疫情，这是很大的挑战；在疫情形势趋缓后，如何统筹好疫情防控和复工复产，这也是很大的挑战。""经济社会是一个动态循环系统，不能长时间停摆。"

2020年2月23日，习近平总书记在统筹推进新冠肺炎疫情防控和经济社会发展工作部署会议上，就提出了疫情防控和经济社会发展的重要关系——统筹。

两年多以来，"统筹"二字成为一以贯之的要求，保护人民生命安全和身体健康、减少疫情对经济社会发展的影响成为重中之重。

"在确保疫情防控到位的前提下，推动非疫情防控重点地区企事业单位复工复产，恢复生产生活秩序"；

"既不能对不同地区采取'一刀切'的做法、阻碍经济社会秩序恢复，又不能不当放松防控、导致前功尽弃"……

新冠肺炎疫情发生以来，正是在以习近平同志为核心的党中央领航掌舵下，我国走出了一条精准统筹疫情防控和经济社会发展的辩证之道。

今年3月17日，中共中央政治局常务委员会召开会议，分析新冠肺炎疫情形势，部署从严抓好疫情防控工作。习近平总书记指出，"统筹好疫情防控和经济社会发展，采取更加有效措施，努力用最小的代价实现最大的防控效果，最大限度减少疫情对经济社会发展的影响"。

时隔1个多月，中共中央政治局会议提出"高效统筹"这一重要要求，是对防疫情、稳经济的整体工作提出了新的、更高标准的要求。

高效不高效，关键看实效。当前，保通保畅、物资保供、退税减税、医疗保障等方面的好政策、好措施频出。夺取疫情防控和经济社会发展双胜利，关键在于狠抓落实，要将政策举措落实落细。

"图难于其易，为大于其细"。在以习近平同志为核心的党中央坚强领导下，广大干部要以责任担当之勇、科学防控之智、统筹兼顾之谋、组织实施之能，将高效统筹疫情防控和经济社会发展这项工作抓实抓细，坚决夺取胜利。

（新华社评论，2022年5月2日）

本文可谓是新华社集中优势写作力量推出的重磅评论，关键时候定分止争、凝聚人心共识，有力地诠释了中央的决策部署，及时引导了舆论，是新华社主题评论的典范之作。

二、拱卫价值

凝心聚力，唱响主旋律弘扬正能量。新闻评论体现了共同价值观，也体现了捍卫主流价值的共同意志。具体来说，就是通过准确及时地阐释党的路线、方针、政策，使其变成广大干部群众的统一行动。

【案例】

强信心加油干　调高预期折射新期待

国际货币基金组织近日发布报告，大幅上调2023年中国经济增长预期，该组织总裁将中国经济前景称为"影响2023年全球增长的最重要因素"。摩根士丹利、高盛等机构也纷纷上调中国经济增长预期并加快布局。调高预期，折射国际社会对中国发展的信心与期待。中国好，世界才能好。中国经济长期向好的基本面不会改变，中国开放的大门只会越来越大，中国的蓬勃发展必将为世界创造更多机遇。

（新华微评，2023年2月2日）

关键节点的"微评"就算只有寥寥数语，也能释放巨大能量。该篇微评以国际权威组织的乐观预期为切口展开论述，有力驳斥了网络上一部分人唱衰中国经济的声音，坚定了信心，唱响了中国经济光明论。

三、释疑解惑

新闻评论往往一事一议，及时回应社会关切，以此澄清谬误、以正视听。评论重在紧密联系现实，实事求是地以科学理论来解释现象，运用事物的客观规律、国家方针政策来启发和提高人们的认识水平，力求让受众正确地理解信息、强化认识。

【案例】

对"私营经济离场论"这类蛊惑人心的奇谈怪论应高度警惕

——"两个毫不动摇"任何时候都不能偏废

近日，源于自媒体的一篇文章，引起网上一片哗然。荒谬逻辑推导出的结论、自以为是的奇葩论调，在当前外部环境发生明显变化的大背景下，尤应引起高度警惕。

这篇自称"资深金融人士"的网文称,"私营经济已经初步完成了协助公有经济实现跨越式发展的重大阶段性历史重任。下一步,私营经济不宜继续盲目扩大,一种全新形态、更加集中、更加团结、更加规模化的公私混合制经济,将可能在社会主义市场经济社会的新发展中,呈现越来越大的比重",理由是"私营经济"即非公有制经济"是没有纪律的,是没有深谋远虑的,是不足以面对日趋严峻的国际竞争的"。其核心错误,是试图否定和动摇我国社会主义基本经济制度和经济体制,把当今世界和平合作、开放融通、变革创新时代潮流中各类企业谋求发展的美好愿望,与其自定义的所谓"国家意志"对立起来,并试图通过"更加集中"和"更加规模化"的"一大二公"的经济形态所取代。这无疑是逆改革开放潮流而动、企图开历史倒车的危险想法。

40年前,以党的十一届三中全会为标志,我国开启了波澜壮阔的改革开放历史征程,不断冲破僵化思维和体制机制藩篱,逐步确立起公有制为主体、多种所有制经济共同发展的基本经济制度,把公有制经济和非公有制经济共同作为社会主义市场经济的重要组成部分,使之成为我国经济社会发展的重要基础。党的十八大以来,习近平总书记多次强调坚持"两个毫不动摇",要求将其体现到各项具体政策中,极大地激发了我国公有制经济和非公有制经济的活力,更使得科学社会主义在21世纪的中国焕发出强大生机活力。今日中国,已经成为世界第二大经济体、第一大工业国、第一大货物贸易国、第一大外汇储备国;人民生活已从短缺走向充裕、从贫困走向小康。改革开放给中国带来翻天覆地的变化,根本无从得出要对非公有制经济"卸磨杀驴"、以公有制取代非公有制的方式发展混合所有制经济的荒谬结论。

如此看来,自媒体上流传的这类蛊惑人心的奇谈怪论,若不是为了一己之私谋求网络轰动效应和流量收益,便是另有企图、别有用心了。令人欣慰的是,面对互联网上充斥的各类谣言,越来越多的"吃瓜群众"正在变得耳聪目明。不过,即便如此,仍有必要重温《中共中央关于全面深化改革若干重大问题的决定》的有关内容："允许更多国有经济和其他所有制经济发展成为混合所有制经济。国有资本投资项目允许非国有资本参股。允许混合所有制经济实行企业员工持股，形成资本所有者和劳动者利益共同体。"由此可见，中央所鼓励的混合所有制经济，是产权多元、自主经营、治理规范的市场微观主体形态，绝非计划经济时代"一大二公"的翻版。唯有全面准确理解中央决策部署的精神实质，才能识破种种反智论调的荒谬所在。

当前，国内外形势错综复杂，企业生存发展面临诸多新挑战。如何同舟共济，闯过急流险滩？重要一条，就是在以习近平同志为核心的党中央坚强领导下，凝聚改革共识、坚定开放信心，继续坚持和完善我国社会主义基本经济制度，绝不能逆时代潮流而动，开历史倒车。公有制经济财产权不可侵犯，非公有制经济财产权同样不可侵犯。在毫不动摇巩固和发展公有制经济的同时，必须毫不动摇鼓励、支持、引导非公有制经济发展，激发非公有制经济活力和创造力。"两个毫不动摇"任何时候都不能偏废。

（《经济日报》，2018 年 9 月 12 日）

本篇评论影响深远，集中回应了社会关于"民营经济"发展的一些担忧与质疑，以雄辩的论证，强调了国家大政方针对于民营经济一以贯之的支持，批驳了"国进民退"的谬论，"以经济建设为中心""非公有制经济的地位"都得到有力重申。

四、重大事件主题评论宏观素养依托

一方面，从事网络评论工作，要有厚实的知识储备，尤其是充分涉猎国家大政方针、法律法规、多学科常识等。评论工作的参与者不只有媒体评论员，也有很多来自地方基层、职能部门的专业人士。只有做到对本业、本职心中有底，对职责范围内相关情况信手拈来，才能有备无患，遇事才可从容发声。

另一方面，从事网络评论工作，要有更敏感的新闻嗅觉、更快的写作速度、更深入的解读视角以及更高质量的成果输出。与很多行业不同，评论工作者必然是一个终身学习、不断学习的职业。对于这个不断变化的世界，面对不断爆炸的信息、不断更新的知识，评论工作者必须始终保持好奇心，坚持阅读的习惯，持续更新自己的知识系统和认知架构，如此才能对突然发生的新闻事件给出有价值的洞见和观点，才能坚定立场、传递影响。

第三节　网络评论的异变及风险

在新的媒介语境和传播文化下，评论这一文体被网络生态所深度重塑，这种重塑往往以"异变"的方式呈现，在多股力量的拉锯影响下，一些非典型的评论形态轮番出现，由此也引发了一连串显而易见的风险。

一、渠道挟持

强势流量平台的崛起，对新闻评论构成了明显的挟持效应。为了增加点击、博取流量，某些评论创作不得不迎合"渠道"的偏好。某些平台也通过所谓的"流量扶持"及分红激励，强力诱导内容生产。

"流量"是指用户对网站的访问量或手机下载上传数据量，通俗而言就是"点击率""粉丝量"。在互联网上，各家企业争相竞争的就是流量。互联网企业把业绩、营业额和公司运作模式归于流量红利，一段时间以来网络进入了"流量即正义""流量就是第一生产力""流量就是硬道理"的时代。这种强大的影响力，深刻体现在评论产品的文本输出上。

第九章 网络评论的策略

【案例】

深夜重磅！诺安和景林双双出手：12亿抢筹芯片龙头！
股民嗨了：全场蔡公子买单！

8月29日深夜，一则公告，芯原股份的股民沸腾了。

芯原股份8月29日晚披露股东询价转让结果报告书，本次询价转让股份的数量占总股本的比例为4.28%，转让价格为72.00元/股，转让股票数量近2099万股，交易金额15.11亿元。

其中，诺安基金受让公司股数近1280万股，占总股本2.61%，金额9.22亿元，位居此次受让股数首位；顶流私募景林资产位居其后，受让公司股数332万股，占总股本比0.68%，金额2.39亿元。

两者合计抢筹超1600万股，占此次受让股数的77%，合计金额11.61亿元。

值得一提的是，芯原股份本来就是蔡嵩松的重仓股。中报显示，蔡嵩松所管理的基金产品诺安和鑫和诺安成长仍在前十大流通股东名单，彼时已经合计持有该股超640万股。如今诺安基金继续增持1280万股，如若这1280万股依旧是蔡嵩松受让，那他合计持有该股近2000万股。

消息一出，股吧便沸腾了。有股民直言，牛股之路正式启动！

也有高呼，全场蔡公子买单！还有人表示：当你迷失在芯片的夜空，蔡博士为你点亮那颗星……

（2021年8月30日）

此文出自国内一财经媒体官微，为了一时流量，行文大玩"标题党"博眼球，虽然短时间此篇评论的传播率较高，但代价是专业口碑的坍塌。这类习惯于附和、惊叹、夸大的写作风格，被网友戏称为"韭菜风"。

二、文体折叠

移动互联网场域下，文体之间的杂糅渗透日益加深，事实与观点之间的边界越发模糊，各种隐喻代入、含沙射影式文章大行其道，似真似假、似是而非的内涵文，大大挤压了经典新闻评论的生存空间，分流了大量受众，甚至潜移默化地改变了公众看待问题的方式。

【案例】

后代聊斋：高考作文何不干脆取消

别急，还是先讲个故事。故事来自清代笔记集《客窗闲话》之《科场五则》。

浙江檇李，有书生姓吴，读书兼经商。可能是因为赚到钱，无意功名，一直不想参加科举考试。

某年科期又近，吴生忽然做了个梦，梦到他的老祖宗来对他说，这一科你非去考不可。醒来后，他也不当回事，心想这么久不读书了，还考个寂寞。

没想到，第二天晚上，老祖宗又来入梦，还厉声斥责："你要是不去考，本科就少一举人，有违天意，会被天谴！"

说得这么严重，吴生有点怕，只好跟祖宗坦白，我平时没认真写过八股文，临时抱佛脚也来不及。祖宗说这不是问题，本科头场作文是《乡人皆好之》，咱本家吴兰陔先生曾经写过一篇，写得很好，今科他也会参加，你进考场先去找他，把他那篇抄下来……

吴懋政，号兰陔，浙江海盐人，乾隆庚午科（1750）举人，壬申科（1752）进士。曾任广东博罗县知县，后调任浙江处州府学教授。告退后，被聘为应试举子授课，门生达数千人。这样的身份，由他爆出的科举阅卷内幕，自然是真实可信的。

可见，十年寒窗，最后考砸的原因，有可能并不是你没用心，而是考官阅卷不走心。高考呢？

科举时代只能以文取人，现代高考却是综合能力的筛择。而人文学科越来越不重要的今天，作文的现状也越来越尴尬。逻辑训练被弱化，人话被告诫不能乱说，独立精神被全方位修剪，如斯教育背景下培养出来的所谓作文能力，不过都是鹦鹉学舌的能力。

还有个别真心喜欢写真正文章的，面临的窘境将是：写得越好，就越难在社会上混。"文章憎命达"嘛，一千多年前杜甫早就说了。

既然如此，为公平起见，干脆取消高考作文算了，既能尽量减少主观因素对分数的影响，也能让考生把学习精力向有用知识倾斜。

（2023年6月26日）

个别公众号的文章热衷借古喻今的春秋笔法，网友也时而热衷于那种"心领神会""懂的都懂"的默契互动，这是一个很有趣的交互过程，但也造成了牵强附会、不当类比等问题。这使得热点事件的舆情发酵更复杂，也给舆情引导带来了新的挑战。

三、舆情裹挟

舆情汹涌，在短时间内甚至会构成一股排山倒海的巨大能量。舆情洪流，提供了现成的信息、立场、情绪，很容易造成"舆情牵着人"而不是"人引导舆情"的局面。舆情，一方面是民意的体现，另一方面夹杂了各种风险。评论工作就是要因势利导，化被动为主动。

舆情裹挟，多体现为短时间内陷于一边倒、绝对化的舆论评价。舆情裹挟往往是单一倾向、狂热的、自负的。在非黑即白的狭隘思维下，基于理性思考和中立表达的"不同声音"，往往被当成群起而攻之的对象。

在各种现实力量的牵引下，尽管出现了种种网络评论的异变形式，但万变不离其宗，评论的底层逻辑始终是思考、说理、引导，趋利避害地善用渠道、融合文本、驾驭舆情，评论就一定能坚守初心，并获得新的发展空间。

第四节 网络评论的策略与发声技巧

一、以锐利思维回击"观点极化"

群体极化最初被用来描述现实生活中处于群体决策的人们如何影响相互之间的观点，随着全球化以及网络信息技术的不断发展，越来越多的群体极化现象发生在网络空间的意见表达，随之而来也引起了一系列网络暴力、网络人身攻击的乱象。

群体极化在现实社会中表现为群体性事件，在网络空间则表现为极端情绪和网络暴力，网络暴力实际上又是极端情绪的外在表现形式。这一趋势近年来在网络评论上体现得越发突出。

与观点极化相伴随的则是"思维钝化"，其典型体现就是叙事说理浮于表面、浅尝辄止，没有思想深度，没有逻辑支撑，大多是"阴谋论""口水话"。

而网络评论员所要做的，就是通过锐利的、有深度的、逻辑自洽的评论，来回击那些"极化的观点"。

二、以系统化说理超越"标题党"的议程设置

随着互联网的发展、信息量的增加，受众已进入"读题"时代，通过浏览标题，检索和获取感兴趣的信息，这让标题的重要性更加凸显，也造就了"标题党"。微博、微信等社交平台崛起后，它们呈现出互动力强、时效性强等特点，吸引受众，"标题党"在新媒体领域愈演愈烈。

当下，一些网络评论为了吸引读者的注意力，有时用夸张、怪异、歪曲等手法来制作文章标题，严重污染信息，给舆论甚至整个社会带来了负面影响。尤其在热点事件中，传播者往往采取断章取义、捕风捉影、以偏概全、转移重

点等方式，扭曲事件本质，突出自己的立场和价值取向，以达到吸引眼球，提高传播率、点击率的目的。越是如此，就越是要以系统化说理，让受众超越于"标题党"的议程设置。

三、破除情绪煽动

情绪是人类心智、认知的直观体现，也是对于外界环境的一种下意识反应。群体的情绪往往带着朴素的价值观，却也容易被纷繁芜杂的信息源误导。亢奋的情绪中，个体的才智禀赋被削弱了，从而其个性也被削弱了，异质性被同时吞没，无意识占了上风。这种片刻的"放空"状态，恰恰给了某些网络观点煽风点火的可乘之机。

诸多群体研究显示，情绪支配型的群体性格，在信息处理、是非判断、认知表达等维度呈现出消极特点。而这，恰恰是网络评论需要关注和研究的重要课题。

在舆情事件的舆论引导中，网络评论首先就是要消解那种非理智的情绪，用理性思辨取代"情绪站队"。

四、打破信息茧房与教主效应

信息茧房是指人们关注的信息领域会习惯性地被自己的兴趣引导，从而将自己的生活桎梏于蚕茧一般的"茧房"中的现象。新的传播语境下，读者成为受众，甚至成为某些意见领袖的"粉丝""信徒"，他们把自己封闭在一个狭小的空间内，认知有时被操弄。

与之相对应的，则是"教主效应"，某些评论写作者被奉为"偶像"，被众星捧月，指点江山、一呼百应。"教主效应"意味着粉丝往往对其非理性地认同和信任。长久置于这种氛围下，网络意见的表达也会变得肆无忌惮、自我放飞。

而专业的网络评论，就是要以理服人，打破受众与创作者之间畸形的"信徒与教主"的关系结构，引导人们独立思考。

第五节　网络评论员的素养

一、学习流量思维，摒弃"流量至上"

有影响力才有引导力。网络评论工作不能指望一鸣惊人，更不能指望临时抱佛脚。平时若无存在感，关键时候更是会被湮没在舆论的汪洋大海中。换言之，保持强大的战略存在，才能服务于局部的战术需要。这要求，评论产品的生产要常态化、做出影响，"丰年备荒"，遇到突发舆情才可有所依托。

近年来，封面新闻的封面评论、光明网的光明时评、澎湃新闻的澎湃评论、长城网的长城评论、正观新闻的黄河评论等，都在极力争夺后纸媒时代舆论场内所留下的意见市场领域的巨大空间。如封面新闻抓住机遇，通过数年的努力，通过对热点新闻事件持续不断的专业评论，建构了影响力，成为权威的、具备广泛受众基础的主流媒体的观点矩阵。以上媒体的评论阵地建设，也是一种"新基建"，这为突发情况下的舆论引导提供了基础性实现条件。学习流量思维，就是要在技术层面锻炼本领，提高传播声量，同时不为流量所裹挟，坚守正确的价值观。

如2022年4月28日，新浪微博发布IP属地功能升级公告：站方于今年3月上线展示用户"IP属地"功能。封面新闻全网率先刊发首席评论员评论文章《微博展示IP属地，调动"自律与他律"捍卫网络良序》。文章写道：披着马甲发声，口无遮拦、口出恶言者不在少数。有些人不断黑化、极化，化身

第九章　网络评论的策略

"键盘侠""喷子"和"黑粉"横行无忌……旗帜鲜明地指出，全量开放评论展示IP属地功能是一次有针对

> 扫码阅读
> 《微博展示IP属地，调动"自律与他律"捍卫网络良序》

性的堵漏。并表示，"IP的假面后面，永远是真实的本我。强化他律与自律，对于净化网络生态、捍卫网络良序，都是有积极意义的"。

这篇评论在微博平台发布后迅速成为爆款，话题"微博开放IP属地是捍卫网络良序"长时间占据热搜榜第一，阅读量达3.5亿，网民跟帖留言近20万条，文章获网民点赞达10万+，达到了绝佳的正向宣传引导效果。

《微博展示IP属地，调动"自律与他律"捍卫网络良序》截图

网络社交平台是名利场，人性之暗面在其中暴露无遗。梳理过往案例我们会发现，总有些网友冒充热点事件当事人、恶意造谣、拉踩引战，以此博眼球、蹭流量。微博全量开放评论展示IP属地功能，有望在一定程度上抑制评论区里造假挑事之举。而从另一方面说，显示"属地"，也是通过调动地方社群共同体的道德规范和集体荣誉感，来约束个体任性妄为的冲动。一般认为，互联网是开放互通的，传统意义上的"地理元素"在此场域内并不重要，然而

从实践反馈的情况看,"地域""地址"所代表的群体身份、刻板印象,依旧深刻影响着社交平台上的认知模式和情绪走向。

以合适的方式强化虚拟空间与真实世界的联结,这对于强化他律与自律,对于净化网络生态、捍卫网络良序,都是有积极意义的。

二、热点选题应快速成文

天下武功唯快不破,移动互联网时代,资讯的传播以分秒计,为了确立"第一印象",直面热点的快速成文评论就显得尤为重要。

即时性的评论,要求抓住核心、立场鲜明,不一定要有多长,一两百字的微评亦可。

【案例】

家暴不家暴,一查便知道

浙江#义乌涉家庭暴力人员婚姻登记可查询#制度,值得叫好。家暴只有零次和无数次的差别,实行可查询制度,对有家暴史的人退避三舍,可自我保护,可减少悲剧。在推进中完善,在完善中推广,不再让家暴者的拳头伤及无辜,更不能容忍家暴者频频得手。

("人民微评",2020年6月22日)

快评、微评未必需要多少思想深度,关键是要迅速成文,趁着第一波舆论热度抛出。上述"微评",与"新闻事件"本身一起成为爆款。

三、文风改造重塑影响力

从事网络评论,要坚定政治立场,坚守正确的价值观,要敢于同错误言论、错误思想斗争,但与此同时,姿态上还是要克制,要平等对话,不能高高在上、不能激起网友反感。方法服务于目的,在坚持原则的基础上,能达成目的的方法就是合适的方法。

《主播说联播》是中央广播电视总台新闻新媒体中心于2019年7月29日正式推出的短视频栏目，节目中主持人接地气、极具亲和力和时尚感的评论方式，让人印象深刻。其中有一期，李梓萌号召民众打疫苗，并清唱神曲"我们一起打疫苗，一起苗苗苗苗苗"，娓娓道来、亦庄亦谐，感染力十足，迅速成为全网爆款。

四、评论产品的人格化与个性化

所谓评论产品的人格化，就是以一种人格化的方式来从事评论生产，意味着把机构的传播者变为人的传播者。这个"人"是媒体或机构的代言人，而在受众的感觉中，他就是他本人，他在表达着他自己，他说的都是他想说的，他说的都是从他的思想情感中流淌出来的，受众感受着他的内心情感，品味着他的人格魅力，为其吸引，与其共鸣。

诸如央视官方微博的《康辉@大国外交最前线｜长达两小时！中美元首视频通话信息量很大》，此类作品最大程度发挥了主持人康辉本身的专业影响力，以一种人格化、亲和化的姿态切入重大国际外交视角的评论。

五、视频化的观点表达

目前，受众希望通过简短的方式获得更加全面的资讯与解读，而短视频的出现无疑满足了人们的这一需求。短视频的时间多为几十秒，能够充分利用碎片化的时间需求，因此能够在繁杂的社会环境中得到大量传播。短视频中，"真人口播实评"的呈现方式也拉近了与受众的距离，自带一定的说服力。此外，抖音、快手等平台提供了互动功能，观众能够通过转、赞、评等方法与视频发布者进行交流，并且这种交流也构成了二次内容生产，最终实现了传播效果的倍增。

六、时机与共情

舆论引导，时机稍纵即逝。在很多人看来，舆论引导越早启动越好，实则不然。以往一些案例中，某些场合下的网络评论引导操之过急、发力过猛，结果事与愿违。

以某网站发布的《正视"孔乙己文学"背后的焦虑》一文为例。文章表示："学历的价值，只有在创造性的实践活动中，充分发掘自身潜力的情况下才能得以体现。孔乙己之所以陷入生活的困境，不是因为读过书，而是放不下读书人的架子，不愿意靠劳动改变自身的处境。长衫是衣服，更是心头枷锁。一时的困难不等于一生的失败。未来属于青年，希望寄予青年。孔乙己的时代一去不复返了，当代有志青年绝不会被困在长衫中。"

此话一出，马上引起了轩然大波，在社会上苦苦挣扎的年轻人纷纷自嘲。从事后的结果看，此文迅速招致大量回怼，并未达到预期效果。

在网络语境下，评论更要有同理心，要有"统一阵营"的技巧处理。"小骂大帮忙"是主流媒体引导舆论的经典办法，简而言之就是就事论事，有限的、克制的、点到即止地批评，在此基础上主要起到化解矛盾、平复质疑、纾解情绪的作用。

有共情才有共鸣，网络评论并不天然就在网络舆论、网络情绪的对立面上，很多时候两者是有公约数和共同利益的。央视官媒、官微的一些做法，对于所有评论员而言都极具参考意义。

新的传播环境下，网络评论面临诸多新挑战。为此，评论工作者一方面要以我为主、保持定力，另一方面则是要转变思维、适应变化，不断迭代进化，不断推陈出新，方可破解本领恐慌，重塑舆论影响力。

第十章　网络舆情的应对

随着移动互联网的迅速发展，依托智能手机的移动新媒介平台成为人们传播和获取各种信息的主要手段。每一个个体都从以往的单向信息接收者，变成了信息发布、意见表达、社会动员的主体。层出不穷的热点事件频频刷屏，不少公共事件在当事人、部门、单位还没有发现时，就已经在网络迅速传播发酵，形成一定的影响。因此，面对汹涌舆论，及早发现危机苗头，及早对可能产生的现实危机的走向、规模进行判断，及早联合多部门共同做好应对危机的准备，具有极为重要的意义。构建一套系统的、科学合理的舆情监测研判预警机制，及时准确发现网络舆情中隐藏的苗头或趋势，方能有效应对舆情危机，为进一步有效应对与舆论疏导赢得宝贵时间，将舆情危机隐患降低在最小限度内。

第一节　舆情监测预警

一、舆情监测预警的背景及发展

舆情监测预警，是指对舆情生成、发展、高峰、回落等具有重要影响的节点进行持续不间断的信息采集、监测、追踪、分析、研判，从而对当前舆情总体态势做出判断并预测其走向趋势的过程。同时，根据舆情事件的影响力与预先制定的预警指标体系进行对比确定等级，再根据不同等级选择对应的预案并及时向相关部门报告（送）。

早期阶段的舆情监测，是以数理统计学和社会学等相关学科为基础的社会调查法，并辅以互联网技术手段，即通过互联网进行问卷调查和人工定向检索等，以此了解与掌握某一领域舆论情况或具体舆情事件的最新动态。随着互联网技术的不断发展与加速普及，海量、复杂的网络民意为传统的民意调查机制带来挑战，舆情服务行业开始兴起。与此同时，国内诞生了多家从事舆情监测系统开发的软件技术公司以及提供舆情应对处置服务的公关公司，舆情监测预警机制进入升级阶段。近年来，伴随着大数据计算和人工智能技术的飞速发展，早期单纯依靠人工浏览查询转变为大数据技术辅助加持下的新舆情监测预警模式。

当前，5G 时代已经到来，以物联网、区块链、云计算等为代表的新兴技术将对更为庞大的互联网数据进行全面接入和深度挖掘，从而创造更大的社会价值和利益。可以预见的是，这将为整个舆情行业带来新的机遇与挑战，舆情监测预警也必将走向更加智能化的道路。

二、舆情监测预警周期

通常情况下,舆情监测预警通用周期分类法,即根据舆情发生、发酵、发展、高涨、回落、反馈等不同阶段的传播特点开展有针对性、有侧重的监测、分析和研判。

(一)发生期

及时发现捕捉具有苗头性、敏感性的舆情信息,了解舆情事件的初步情况、爆料者的主要诉求,整理网民参与讨论跟帖的主要观点和倾向性意见,启动舆情信息动态追踪机制,并第一时间通知有关职能部门共同做好应对舆情危机的准备。同时,确定统计传播数据的时间节点。

(二)发酵期

在此阶段,各大媒体积极参与传播,易出现信息源较多、事件发展多元化、舆论导向转变概率增加等情况,舆情监测预警的重要工作集中在全面搜集舆情的最新发展动态,对舆情传播细节进行地毯式收集、汇总。

(三)发展期

重点了解舆情事件发酵后的总体情况,全力做好舆情反馈分析工作。观察有无重点媒体介入报道、意见领袖或活跃网民的积极推动,及时快速展开舆论场各方观点的搜集整理工作,并进行理性客观、相对科学的分析,特别要收集参与者的发声平台、身份特征、粉丝量、地理分布等方面特征,绘制舆情事件参与群体的画像。

(四)高涨期

聚焦舆情事件主体与客体的回应内容和方式,全面展开涉事各方回应效果评估。因为舆情事件本身具有较强的不确定性,所以此阶段应重点关注舆情事件本身的传播焦点是否发生转移、促成转移焦点的原因以及各方所持观点有无倾向变化、是否存在新的关联话题,多维度、多视角挖掘影响舆情走势的关键推动因素，回顾舆情事件的演变过程，深入探究其出现的历史、政治、经济、文化和社会等各方面原因。

（五）回落期

重点关注有无引发次生舆情的可能，对涉事各方存在的潜在风险进行辨别评估。

（六）反馈期

舆情态势整体平稳后，应"趁热打铁"对事情进行复盘分析，总结应对得失，尽早开展形象修复等工作。

三、舆情监测预警的渠道与方式

目前，舆情监测预警的渠道主要是网络媒体、报刊、"两微一端"（微博、微信及客户端）、网络自媒体（头条号、百家号、网易号等）、问政平台、论坛博客、高校网站的 BBS，也包括电视栏目、广播节目以及豆瓣、知乎等社区网站。此外，随着短视频、直播行业的崛起，抖音、快手等短视频平台也应纳入舆情监测范围。其中，需要重点关注舆情事件的首发渠道和传播媒介自身的影响力，以此分析判断其下一步的传播走势。

（一）人工收集监测预警

一是通过人工浏览各种新闻网站、互动平台、博客、论坛、贴吧、问政平台等平台，对有关敏感问题的新闻报道、网民讨论等进行跟踪，获取有价值的数据和信息，观察社会舆论走向。

二是利用搜索引擎收集。以百度和 BING 为代表，利用搜索引擎针对指定内容进行舆情收集，观察舆情数据的动态变化。

三是针对特定网站、特定账号、特定关注信息进行持续关注跟踪，获取关键舆情信息。

（二）舆情监测系统

1. 舆情监测系统简介

以封面新闻舆情监测系统为例，它是集舆情监测、舆情采集、舆情智能分析、舆情预警、舆情搜索、舆情报告辅助生成、舆情动态图表统计分析、舆情态势呈现等功能于一体，以海量互联网数据源为自采集对象，结合客户内部、第三方数据，以标准、规范和安全体系为保障，提供互联网舆情信息的分析、展示、预警、数据管理于一体的舆情管理控制平台。

封面新闻舆情监测系统要求能够运转在多进程、全天候状态下，软件系统对海量数据采集、分析、监控运行平稳，不发生数据读写拥塞、系统停止响应等非正常情况。系统能够对全网舆情信息进行实时监测和信息采集。采集到的信息经系统进行分析处理，对信息进行自动分类、消重、提取关键词等处理，为用户提供准确、无冗余、无杂质、易检索的信息服务。应用大数据、云计算等技术，使舆情监测、分析、预警更加全面、准确、及时。

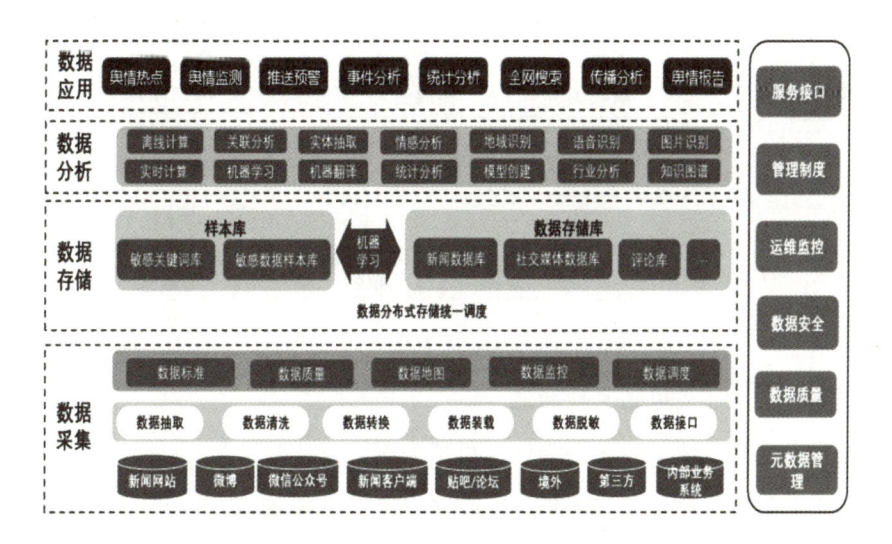

封面新闻舆情监测系统架构图

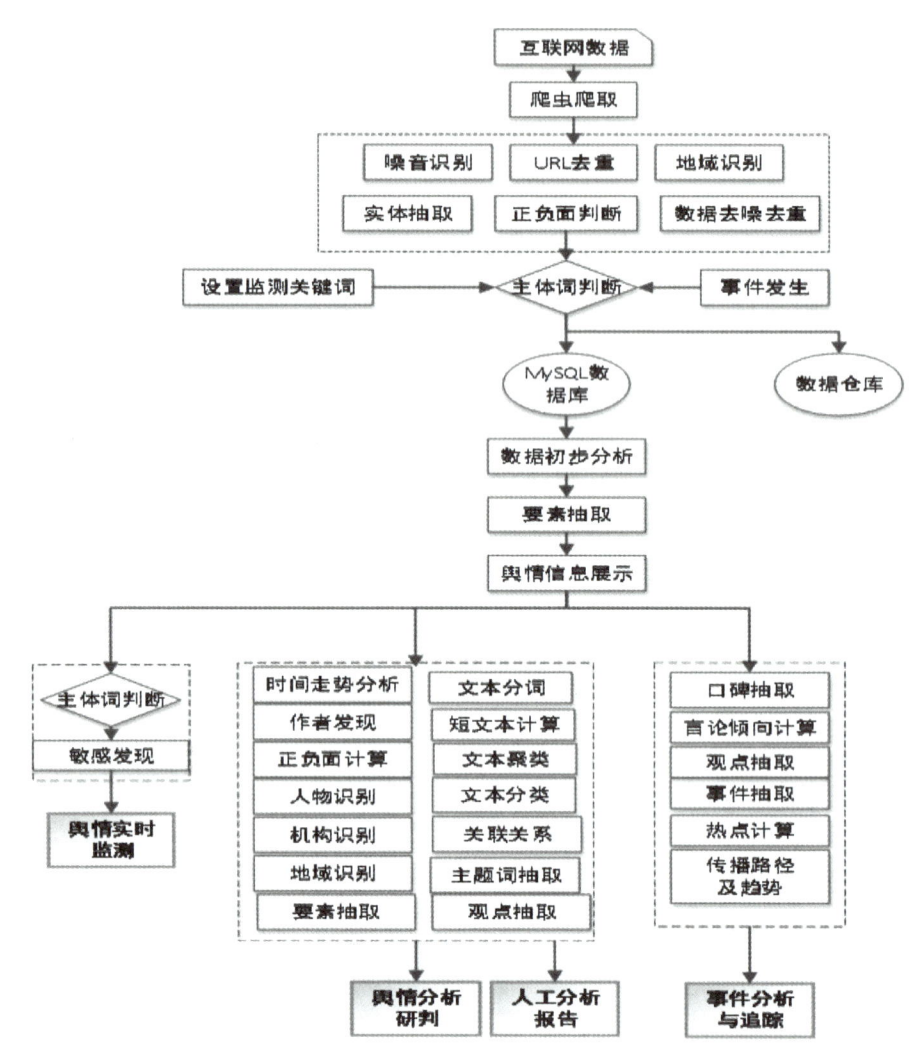

智媒时代
网络传播的理论与实践

封面新闻舆情监测系统数据逻辑图

2. 舆情系统可实现的主要功能

以封面新闻舆情监测平台为例，包括如下主要功能。

①系统能够支持对新闻类网站、微信公众号、微博等社交平台、论坛、博客、贴吧、移动新闻客户端、平媒电子版、短视频、电视台在内的网络媒体信息的抓取。

②全网搜索功能。至少支持大数据中心站内搜索、全网数据搜索和微博数据搜索；且支持按照媒体类型、倾向性、匹配范围、时间、地域等条件进行筛选。

③微信预警功能。系统支持微信绑定，将预警信息以信息列表的形式推送到用户微信上。

④舆情事件分析功能。对于特定重要事件，分析该事件在互联网上的分布情况、信息溯源、发展趋势以及网民观点等要素。同时，提供全量信息列表和媒体列表，为舆情事件的处置提供依据；系统自动生成舆情分析报告，且支持下载到本地。事件分析全年不限制分析次数。

⑤重点信息保存功能。系统对重要信息可以加入关注，方便永久保存查看。

⑥全国舆情分析报告功能。每月定期出版全国舆情分析报告，包含本月舆情排行榜、典型舆情案例、政策表决台。

⑦智能识别图片功能。系统支持对微博、论坛、贴吧、微信公众号的图片信息进行分析处理，并精准识别图片中的文字信息。

⑧小视频监测功能。系统支持对火山、西瓜、秒拍、快手、抖音、美拍、哔哩哔哩等小视频平台的原发视频及评论信息进行监控、预警和数据统计。

⑨评论监测功能。系统支持网易新闻、腾讯新闻、新浪微博、今日头条、搜狐新闻、UC 头条等网媒评论监测。

⑩手机 App 端支持敏感信息弹屏提示，舆情内容支持语音播报。

⑪支持设置关键词个数不少于 3000 个，系统有宣传行业关键词库提供关键词设置选择。

⑫舆情数据人工智能分析后有涉事类型标签分类，也可自定义舆情涉事分类。

⑬系统内可查看到原文的阅读、点赞、评论数据量，也可批量导出。

第二节　突发舆情应对技巧

因为网络传播的速度非常快，网络舆情危机往往给人感觉是突然爆发的，但事实上网络舆情危机的形成有一个过程。研究普遍认为，网络舆情危机的发展过程包括形成期、发展期、爆发期、缓解期、衰退期五个阶段。网络舆情发展具有阶段性，在不同的阶段所要求的能力重点是不相同的。

一、形成期

互联网空间是网民表达交流的首选空间，在网络舆情形成初期，涵盖了突发事件的真相与细节。政府和社会管理者需要加强舆情的收集与核实工作，准确监测舆情的发展趋势，特别是要对舆情事件本身进行深入调查，掌握事件基本信息，以便向全社会发布准确消息，坚决遏制谣言传播，提高舆情预警时效。

在舆情形成阶段，信息传播较为分散，舆情信息主要零散地存在于网络虚拟社区、微博或新闻等的评论中，还没有受到网民的广泛关注。在这个阶段，政府应当立即成立舆情应对小组，加强收集网络舆情信息，监控舆情走向，观察网民对于舆情事件的态度、情绪，预判网络舆情发展趋势。

以上海迪士尼疫情防控事件为例，2021年10月31日18：05，上海迪士尼乐园发布消息，即刻关闭迪士尼乐园和迪士尼小镇，配合新冠疫情调查，在园游客离园时需核酸检测。19：12，财新网报道，杭州确诊病例曾赴上海迪士尼乐园游玩。事发后网民高度关注。11月1日8：12，"上海发布"官方通报，迪士尼乐园和迪士尼小镇33863名相关人员核酸检测结果均为阴性。因反应迅速及时，关闭2天后，11月3日上海迪士尼乐园恢复运营。

此次舆情的成功应对，得益于迪士尼和政府部门精准研判和果断决策，把工作做在舆情发酵和可能发生的疫情扩散前，跑赢了时间。复盘可见，从一开始官方就牢牢把握住了信息出口，值得注意的是，10月31日下午4点，杭州通报病例到过上海，却并未提到该病例去过迪士尼乐园，如果杭州方面提前发布，上海则会陷入被动，舆情则会面临开局不利的情况。在短暂的时间有效期内，上海没有给舆论太多挖掘和质疑的时间，仅在杭州方面发布2小时后，就完成快速调查和信息发布，牢牢把握住信息出口，不给谣言滋生和别有用心之人炒作的空间。从发布技巧上，上海方面在首发信息上没有选择发布"确诊病例到过迪士尼"这一单纯信息，而是直接采取了积极行动，第一时间发布"游客需核酸检测才能离园"这种偏向于线下处置的内容，稳定社会情绪，表现出有担当、有效率的城市治理水平。同时，第一时间安抚告知园内游客解决方案，避免了游客恐慌和不必要的情绪焦虑引发的负面舆情。

二、发展期

对近年来很多全网重大舆情复盘发现，如果舆情回应较慢甚至失语，或对舆情的研判出现失误，突发事件的舆论热点便会迅速形成，同群效应在此时会让负面情绪蔓延，有失偏颇的意见或猜想就可能占据上风。

因此，在网络舆情的形成期，相关部门或舆情受压主体需要构建的最重要能力是网络舆情的信息收集和预判能力，要理清事件走势脉络，抓住核心关切点，重点做到稳定网民情绪，避免舆论失焦、谣言肆意传播。增强网络舆情的信息收集和预判能力，需要从信息内容、内容强度、传播源特性、信息传播的数量等方面构建舆情预警指标体系。

以"幼儿园饭菜投放避孕药"事件为例，2023年6月，一组聊天记录截图显示，其中一个自称为幼儿园教师的网友在群聊中称，她在幼儿园男生饭菜中偷偷放避孕药，旨在导致他们将来失去生育能力，并声称"这样的行为在幼师圈内并不罕见"。此事被网络关注后，迅速在短时间内冲上全国焦点热搜。但不到 24 小时后，这起骇人听闻的舆情传言迎来反转，介入调查的华北某市公安经缜密调查，第一时间通报称系有人恶意造谣，嫌疑人并非幼儿园教师，而是一名男性闲散人员，目前已被警方刑事拘留。警方的及时回应，使得这起舆情事件迅速平息并扭转，社会评价良好。

这起舆情事件的处置成功在于，在信息难以分辨，挑战法律伦理底线，民众愤怒情绪被点燃，进入舆情快速发展期的节点，属地网信和公安部门快速搜集舆论信息，于短时间内理清了突发舆情的线条脉络。此事件中，民众的核心关切点是特殊职业特殊场所是否涉及侵犯幼童的违法犯罪问题，以及这种违法犯罪是否是长期忽略的普遍现象。这些问题给家长群体带来的焦虑恐慌一旦在短时间内未得到及时的事实性回应，必将引发情绪性宣泄弥漫，甚至引发意识形态领域的恶意炒作。当地警方牢牢抓住核心关切点，短时间内用缜密的警方调查还原事实，对核心关切点进行了精准回应和辟谣，调查事实、过程和处理结果，做到了击溃谣言、安抚情绪、理性共情。

三、爆发期

舆情爆发期是指舆情经过形成、发展之后，开始成为社会普遍关注的热点话题，主流媒体跟进报道，自媒体、意见领袖蹭热点引发观点激烈冲突，话题讨论热度呈现出观点和意见指向性阶段，并可能出现观点对立和情感撕裂。

在这一时期，舆情往往如马匹脱缰，舆情发起人、当事人或有关单位失去对舆情走向的控制力。从舆情应对来讲，由于舆论所聚集的话题和所指向的对象已经被推到风口浪尖上，在做好常规性动态式的信息发布、紧急的信息沟通、焦点人物的重点沟通之外，面对舆论的追讨质疑，还需拿出更有针对性的舆情应对措施。

具体而言，舆情爆发期的应对策略包括以下三点。

（一）加强信息发布能力，注意态度表达与行动说明

在舆论关注焦点、疑点问题较多的情况下，要尽可能全面回应舆论关注点，若暂时未调查清楚，应实事求是地明确告知，并承诺后续的回应时间。信息发布不仅要给出观点和结论，还要注意"言之有据"。一般来说，发布内容应该包含事实、态度、行动三个层面的内容，分别告诉公众"事实是什么""应该怎么看""我们如何做"，这形成了一个完整的信息发布链条。从此前的一些突发事件舆情应对来看，发布主体常常忽略态度表达与行动说明。

以某汽车试车员坠亡事件为例，2022年6月，国内某新能源汽车测试车从楼上冲出并坠落，这起意外事件造成两名数字座舱测试人员罹难。事件被曝光后，迅速成为全网热点话题，有关该品牌安全性话题被自媒体持续炒作，品牌汽车被推上了舆论的风口浪尖。事后品牌方针对网民追问发布通报，证实此事属实，但表示"事故与车辆本身没有关系"，此言论引发舆论强烈不满。无独有偶，2023年2月网络曝光该品牌试驾汽车冲上人行道，致行人一死一伤。品牌有关负责人面对类似舆论话题回应媒体表示，是测试人员驾驶经验不足操作不当造成的，车本身没有问题，再次遭受较多网民"冷血、忙着撇清责任"的批评。

从舆情回应效果看，当事企业的信息发布能力有待商榷。应对舆情，"事实是什么""应该怎么看""我们如何做"应有效统一，而非割裂对立，尤其要避免沉迷于自己单位的"系统语态"。两起涉及伤亡事件，引发了新能源汽车公共安全的核心话题讨论，"事实是什么"，光说清是不够的，网络舆论场往往更需要一种情感的回应期待，而对于"应该怎么看""我们如何做"，显然有所缺失和偏差，"试车员死亡和我们车辆质量没有关系""试驾撞死人责任在司机不是缘起汽车质量"也许是在阐明客观事实，但在舆论氛围已然愤怒的背景下会给公众一种"资本冷血"的负面印象，造成舆情二次伤害，与"快说事实、多说态度、慎说原因"的理想通报之间有较大差距。类似舆情发生

时，发生伤亡，善用感情、表达同情、守住道义底线尤为重要。

（二）发布主体统一管理，避免多头发布造成次生舆情

重大突发事件头绪较多，常常涉及多个机构和部门，可能会出现多头发布、口径不一、信息混乱等问题。信息发布应由部门负责人或新闻发言人统一执行，避免出现员工随意接受采访、答复措辞不专业等情况。涉及跨系统多部门联动应对机制舆情信息发布的情形，需加强部门间的沟通协同，确立牵头部门和各自权责分工。为增强信息发布主体的公信力，必要时可由更高级别的部门和人员进行信息发布。

以某地工厂异味泄漏事件为例，2020年8月，西部某市疑似发生化工厂气体泄漏。当地网民通过社交媒体称，当地群众闻到了刺鼻气味，由于情况不明，大家自发往远处撤离，路上交通一度陷入瘫痪。此事涉及公众健康安全，容易引发群体性恐慌，在全网聚焦关注的关键时期，亟须当地应急部门、环保部门联动响应，准确发声。

但在随后快速应对舆情的信息发布中，相关部门出现了发声主体分散、内容不统一甚至相互抵触的情况，给舆情二次发酵留下了口实，一定程度上引发信息混乱，给线下处置工作带来干扰。如：针对"化工厂泄漏""化工厂爆炸"在内的亟待证实的网络传言，属地区委宣传部官方微博连续发布3条通报进行辟谣，称"所有化工企业均未发生爆炸""现有危化企业均未见异常""相关指标均未超标"；而时隔不久，又有媒体报道称从所属的上级地级市委宣传部，得到的信息是"某区发生化工厂泄漏事故"；随后，该说法又被更高层级的政府人员否认。最终，属地的党政主要负责人亲自到场，以"一把手定乾坤"的方式发布现场视频，否认发生任何异常情况，方才基本平息了舆情。从短时间当地的舆情信息发布中，从"未发现泄漏"到"发生化工厂泄漏"到"未发现泄漏"，上下级、同级部门信息共享存在偏差，导致对外口径不一，引来"刻意隐瞒"的舆论指责，也给了部分网民猜想与造谣的空间。

（三）借助第三方力量增强权威性，借此打通两个舆论场

一些负面事件发生后，涉事主体因舆情素养等种种因素，容易陷入公信力不足、"自说自话"的尴尬境地。此时，需要借助发布主体之外的有影响力、正能量的第三方发布信息，官方舆论场与民间舆论场二者互相融合、互相补充，构建多元开放的话语空间，比如权威性机构、媒体记者、官方意见领袖、专家学者和网民代表，就舆论所呈现出来的议题进行针对性的回应，共同引导公众理性思考。

以高架桥侧翻事故为例，2019年10月，华东某市一座上跨桥突发桥面侧翻事故，造成3人死亡，2人受伤。经初步分析，上跨桥侧翻系运输车辆超载所致。本次事件中，涉事桥梁建造地质量问题、是否涉及工程腐败等问题成为舆论追问的焦点。距离事发仅2个小时，"救援现场官员戴四百万的名表"的谣言就开始流传，也加剧了网民对"豆腐渣"工程的质疑。这时就需要一份详尽的权威独立机构事故调查报告来回应舆论质疑。然而，当地回应惜字如金，"初步分析，侧翻系运输车辆超载所致"这样简短的话语提供的信息十分有限，显然无法令人信服。在此过程中，属地某官方微博甚至还出现小编怼网民的管理不当问题，进一步加剧了网民的反感和抵触，导致"阴谋论"甚嚣尘上。

由该事件可以看出，公众对事故原因存在困惑很大程度上源于对专业问题的不解和陌生，因此谣言更易乘虚而入。为避免官方自说自话加剧公众疑虑和担忧，对于事故原因，当地应该重点提请专业机构和业内专家回应介入，用第三方独立权威的调查去回应公众关切，消除舆论疑虑。

四、缓解期

舆情缓解期是指舆论经过一段时间后，其信息数量、公众情绪、话题影响力进入负增长阶段。在舆情缓解期间，矛盾和冲突不断减弱，或者网络出现

其他新的关注热点，网民的聚焦点快速转移。除非有新的重大线索或新衍生话题，否则网民不再有更多的表达，舆情事件得到初步控制。

这一阶段，舆情回应关键在于彻底消解公众疑虑，引导网民讨论回归理性，如公布权威调查结果、揭开事件真相、公布对涉事人员调查处理等。但由于部分单位和系统处置流程不成熟，协调机制不完善，尤其是网络时代很多突发事件发生于基层、发端于群众个体，基层部门往往没有权力对相关问题或涉事人员进行处理，需要层层汇报、请示、审批，问题处置程序上烦琐、迟缓，或事件调查核实需要一定的时间，使得网络时代一些突发舆情事件的回应和调查本身存在"天然矛盾"。

以"生育八孩女子"舆情事件为例，2022年初华东某县"生育八孩女子"舆情事件因涉及妇女儿童保护等话题引发舆论的高度关注。但因事发春节期间，当地多层级责任部门出现人手不足、协同不到位、调查事实发声不严谨、对舆情发酵认识不足应对不力等问题。比如，前期4份多个层级的官方通报均未能起到消除公众疑虑，有力引导舆论回归理性的效果，反而因论证不严出现"前后矛盾"的内容，引发舆情负面影响不断升级。以至在舆论"倒逼"下，所在省份成立省级调查组，发出第5份长达近6000字的调查情况通报。这份通报引用大量证据对网民关切进行了回应，对相关人员的失职、渎职行为予以严肃问责，展现了权威态度，才逐渐平复网民情绪，缓解了热度持续近一个月的舆情。

五、衰退期

引发舆情的诸多因素得到控制，有形或者无形损失得到修补、恢复或重建，系统开始恢复原有或正常状态时，舆情事件进入衰退期。这一时期，网民的情绪、态度、观点得到了宣泄，事件话题逐渐退出公众视野。一些媒体会对事件发展的过程进行深度调查和复盘分析，或涉事政府部门对事件进行复盘反思。

这一阶段的重点包括对网络舆情的预警机制、管理运行机制、回应机制、应对策略、处置方案的效果，以及资源投入的经济性等方面的调查和评估。要收集和分析媒体或网民对政府工作的评价和认知，通过总结经验教训，修正工作机制、程序、方法和策略。

以西南某地一起涉意识形态个案为例，2023年8月8日，有网友爆料称某寺庙供奉一尊"日本邪神"，视频称"这是日本的，马上把它取了，不取马上民宗委告你们……这是'邪神'晓得不，马上拿去烧了！"相关信息开始在网上出现，叠加"夏日祭""教材出现丁汝昌投降图"等类似舆情，因涉及民族尊严敏感话题和宗教场所，有短时间暴发的风险。

这种情况下，当地搜集研判舆情走向，借助主流媒体渠道快速主动发声，8月9日上午通过媒体通报事发地非宗教寺庙而是民间信仰点、所谓"日本邪神"不实而是居民带去的普通摆件、第一时间烧毁处置、积极排查其他场所等4个核心内容，公布关键事实、展示重视程度，做到快速响应，不回避、不躲避，不给网络谣言滋生的空间，迅速成功平息了这起舆情事件。

由此可见，舆情危机也可以成为提升政府能力的契机或转折点，只要认真总结，抓住痛点，就往往转危为机，转化为提升公信力的良机。

第三节 舆情应对能力建设

网络舆情传播的各个阶段，所要求的能力也有具体的差异。舆情要做到"别人生病自己吃药"，从他人面临的舆情风险中，对照自身是否也有类似的风险，未雨绸缪、防患未然。同时，要"置身事内"，时时刻刻保持紧张感，方能在风险爆发时"置身事外"。要立足于网络舆情的发展规律，根据不同阶段特点加强核心能力建设，形成事前、事中、事后全覆盖的网络舆情回应能力体系。

纵观近年来一系列突发舆情事件的回应，由过去的无视、回避、惧怕状态到今天的主动疏导、尊重民意，体现出明显的进步。但仍然在速度、准度、精度、温度、力度等方面存在不足，选择性回应、公关式回应、简单粗暴回应、敷衍了事回应时有发生。众声喧哗的时代，各级单位要掌握舆情回应的规范、规律和技巧，既"先声夺人"又"真实准确"，既"回应关切"又"温暖担当"，还要与网民积极沟通，营造和谐的网络空间。

一、首发回应要抢时效

自媒体时代，突发事件一旦发生，几分钟内就会有目击者将现场图片和相关信息发到微博或微信上，往往1小时内就能形成网上热点讨论，快速催生成舆情热点事件。这种情况下，相关部门首发回应的反应力、组织力、统筹协调能力，以及对事件精准地走向判断、科学决策和通报的撰写能力，都显得尤为重要。

要做好舆情快速应对，首发回应对时限提出了很高的要求，要求在快速发酵的互联网空间"跑赢网民""跑赢谣言"。公共事件发生时，往往是各种谣言高发期。谣言呼应着人们的现实感受、心理预期、情绪共鸣，常常比真相更有冲击力、传播力，所以务必在第一时间发布准确权威信息，避免小道消息、流言谣言的产生和传播，才能抢占先机、赢得主动，在舆论博弈中立于不败之地。就像两军对垒，如果一方反应迟钝，优柔寡断，不主动占据舆论引导高地，丧失时机，就会被动落后，处处受限。

二、信息公开并非知无不言

"公开透明"不等于任何信息都要彻头彻尾、毫无保留地和盘托出，而是要综合考虑事件舆情走向、处理进程、社会效益等因素，确定合适的发布内容、口径和措辞。一般来说，除了涉及个人隐私、商业秘密、国家秘密的信息不能公开，不利于事件处置、问题解决和稳定的信息也不宜一概公开。要辩证理解"公开透明"的含义，准确把握信息发布的量与度。

如在2023年发生的一次涉及"加班文化"的舆情事件中，作为与劳动者权益保护相关的某部门，面对媒体采访时，对相关信息并未形成权威调查结论，却对媒体发声表示"此事不是发生在A市而是B市""此事不是发生在近日，而是事发去年"等重要结论，被媒体报道并引发网民关注和转载。结果，该事件被证实是一次彻头彻尾的网络"小作文"事件，相关杜撰人员受到公安机关行政拘留处罚，该单位对媒体来者不拒的回应、不加以认真调查核实的回应，非但没有化解舆情，反而引发了新的舆情。

三、信息发布需完整且有细节印证

对本单位有利的信息就公开，不利的就隐瞒，这种舆情应对的方式往往造成公众接收的信息不完整，给谣言滋生、"阴谋论"留下操作空间。正确的态度是只要是公众关注的信息，不涉及保密内容，即便对本单位不利，也应该及时完整发布，且坦诚地向网民公众展示可印证的调查过程和细节链，从而化解公众质疑，避免谣传猜测。

四、充分利用媒体发声，打通两个舆论场

第一，要正确认识"媒体地位"。当前信息传播与使用早已变过去的"让你知道"为"我要知道"，以"供求"为主导的信息传播转变成以"需求"为

本位的信息获取。因此，不能把媒体仅仅当作政府的"喉舌"，更应是亲密的伙伴，建立长期合作共赢的关系。应对舆情过程中，可以借力媒体话题的设置和引导，给网民的讨论话题带来积极影响。要有效利用媒体资源，把握舆论导向，完善媒体宣传格局，因势而动、因地制宜，形成舆论合力。

第二，要克服"两种心态"。一是克服傲慢的心态。对待媒体和记者漫不经心、不甚耐烦、傲气十足、爱理不理，秉承"一份新闻通稿走天下"，对公众想要了解的事实真相不愿深谈详谈，尤其是在处置一些突发事件上，傲慢态度极可能激发公众负面情绪，导致小事闹大。因此，对待媒体要多坦诚以待、少蛮横无理。二是克服对抗心态。有些人喜欢动用公权力压制舆论，反而容易激化矛盾，不利于问题的解决。媒体不是敌人，要与之平等相处，不能相互对抗，要合作共赢。

第三，要掌握自身领域特殊群体的诉求。首先要关注特殊群体诉求方式的变化，"借树爬藤"蹭热点成为新特征。移动互联网时代，特别是移动短视频介入门槛的降低，表达诉求的渠道和方式变得越来越简单和快速，很多舆情事件往往是从个人平台开始发酵。比如，2022年发生的"唐山烧烤店打人事件"舆情中，在相关舆论高热阶段，当地一位蛋糕店老板手拿身份证通过抖音实名举报被恶势力欺压，正是依托舆论热点话题"借树爬藤"，营造新的热点，促成其诉求得到重视和解决。

第四，要善用媒体传递"好声音"。与媒体打交道重在沟通协调，树立"媒体沟通就是宣传机遇"的新观念，与媒体、公众建立有效沟通机制，遇到重点问题、突发事件，做到第一时间知情、第一时间宣传、第一时间行动。面对网络谣言、负面舆情时要主动公开、及时解释，还原事实、把握分寸，不遮不捂、不躲不避，当"意见领袖"。要提升舆情辨别能力，做到早发现、早预警、早处置，沉着应对、冷静研判，掌握时机、主动出击，因事而谋、应势而动，让主流声音和正确言论及时占据媒体阵地，关键时刻不失语，重要关头有声音。

第十章 网络舆情的应对

第四节 新闻发言人素养及官方通报撰写

一、新闻发言人的含义及素养

新闻发言人制度是指国家机构任命或指定专职（较小的部门为兼职）的新闻发布人员，在一定时间就某一重大事件举行新闻发布会，发布有关新闻或阐述本部门的观点立场，并代表所在部门回答记者提问的一项制度。

1982年，我国以外交部为起点，开始了新闻发言人制度建设。但新闻发言人完全走进大众的视野是在2003年"非典"之后。"非典"危机打开我国地方新闻发布会建设的局面，新闻发言人制度进入飞速发展阶段。这一时期，新闻发言人通过信息公开促进了政府形象建设，完善了政府公共危机处置机制，并一定程度上满足了公民的知情权。

2011年，温州"7·23动车事故"首次新闻发布会成为促进新闻发言人制度建设逐步走上专业化、规范化的节点事件。在这次发布会上，铁道部新闻发言人面对记者诘问，回应称"至于你信不信，我反正信了"，引发舆论普遍质疑，严重影响政府形象。温州动车事故后，新闻发言人理念被重塑：从"谁来说"走向"怎么说"。新闻发言人的素养建设被置于前所未有的高度。

新闻发言人与媒体、公众、社会进行对话沟通，代表组织形象，维护组织利益。"新闻发言人"是一个公共角色，代表官方的集体意志，因此对担任该角色的个人素养有着较高的专业性要求。

（一）职业素养

首先，新闻发言人需要具备以下几项基本条件：熟悉了解本机构的情况，掌握相关的政策规定，善于获取最新的变动消息；是所代表领域的专家；具备良好的文化修养和表达能力。

当前，新闻发言人除传递信息外，还越来越多地起到提供体验、传达感受的作用。

1. 政府新闻发言人

政府新闻发言人必须具备一定的政治和法律素养，在政治理念、立场等方面与相关组织单位契合，并在宣传政治主张等政治技能方面具有一定的执行力。其对于政府的行政架构、相关领域国家和地方各级单位的方针政策、行政规范等，要较为熟练地掌握。

此外，政府新闻发言人还需掌握北京、上海、广州等地信息公开规定和管理办法，国家以及各省市单位的突发公共事件应急预案等文件。同时，还需了解公众、相关群体的民情民意。

上海市政府前新闻发言人焦扬曾表示，作为新闻发言人，平时就要做好积累。比如对于市长在人大的工作报告、市委书记在党代会上的工作报告等文件，都必须"吃透"。因为这些内容都是本地近阶段或接下来一个阶段的大政方针、重大原则、发展目标和一些重要的纲领性提法。

一些部门的新闻发言人对专业素质要求较高。如文教医疗部门的新闻发言人就有行业"门槛"，最好具备所代表部门或领域的实际工作经验。而外交事务发言人对综合素养要求更高，不仅要有较高的政治素养，还需熟悉国际地理和世界历史的知识、通晓国际事务和相关礼仪，甚至掌握人文、经济等方面的知识，才能从容应对各类突发情况。

2. 企业新闻发言人

当前，企业新闻发言人不仅是企业对外发布信息的权威，也是企业展示形象和传递价值理念的窗口。

企业新闻发言人需要掌握下列情况：企业生产、产品和管理现状，国内外竞争企业的基本情况，企业基本情况、本公司产品的市场销售现状和趋势，国家针对所在行业的法令、政策，企业发展趋势等。

目前，我国的中央企业都建立了较为完备的新闻发言人制度。据人民网舆情频道对央企新闻发言人调查报告（2014年），央企之间舆论关注度差距很大，超六成的央企关注度低于基准值。报告提出四条建议：重大突发事件中，新媒体不能代替新闻发言人；沸腾舆情中，新闻发言人须强化"守土有责"意识；央企监管部门应建立完备的发言人服务体系；央企还应强化发言人培训，增强发言人实战能力。

（二）媒介素养

政府新闻发言人的媒介素养是指其对新闻媒介及媒介信息的综合认知、解读、评判以及驾驭引导的基本素质和实际能力。在现代社会，政府新闻发言人的媒介素养直接关系到政府的执政形象、执政能力以及公共行政目标的实现。

新闻发言人应具备以下媒介素养：具备较为深厚的中外新闻史知识；了解当前媒体运作和新闻报道的基本规律；具备新闻传播基本业务知识和技能；了解新闻从业者应遵守的政策法规和新闻职业道德准则。

在掌握新闻传播规律方面，需要熟悉新闻价值的五要素，即时效性、重要性、显著性、接近性、趣味性。在传统媒体和新媒体并驾齐驱的当下，媒体和公众的注意力有限，舆论关注的多寡直接影响到新闻价值。

在了解媒体方面，新闻发言人应有跟踪媒体的兴趣，能够掌握近期舆论关心的话题，能够不断对类似或者相关信息供求情况进行研究，做到知己知彼。不同媒体所面对和拥有的受众群体不同，新闻发言人需要对在场媒体基本情况做到心中有数。媒体和公众的关注点和政府工作重点可能不一致，只有平时多关注媒体动态，尽早设定话题切入角度，才能对双方立场做出合理预估，帮助媒体与公众理解并接受政府的意向。

二、官方通报撰写

在热点舆情事件应对与处置中，政府情况通报或官方通报是释放权威信号、平息舆情风波的重要手段。但当前网络技术的发展扩大了公共话语空间，颠覆了传统的官方通报传递机制，即"传播—接受"模式。

官方通报撰写要注意以下几点：

（一）官方通报发布要建立在线下调查、问题解决的基础上

舆情处置有"黄金4小时"原则，但信息发布不能只顾时效不顾事实、只顾线上不顾线下。中山大学传播与设计学院教授张志安认为，舆情发生后，社会治理和问题解决是第一位的，舆情处置和信息公开是第二位的，新闻发布只是舆情处置的手段之一。舆情事件关乎民众切身利益，往往有具体的现实事件，并反映了一些现实问题。官方第一时间发布通报，必须坚持"快报事实、慎报原因、重报态度、后报结果"的原则，既满足群众知情权，又为后续的问题调查和解决留下空间。只有在调查清楚后以推动实际问题的解决来回应社会关切，才能彻底消除质疑，维护政府公信力。

（二）官方通报要巧用细节支撑结论，增强政府话语的权威性

细节见真章、见真相。自媒体"旧闻评论"认为，不能把"真相"狭隘地理解为一堆结论，而要把"真相"看作一个可操作的过程，是公开论证、推导的透明体，是一整套核查、去伪存真的技术动作。要用细节描述支撑"真相的程序正义"，多引用"报道式"的第三方陈述，多描述可重复印证的过程，不断形成严密、完整的证据链，有力化解质疑和谣言。

（三）官方通报要展现人文关怀，安抚舆论情绪

舆论情绪中包含着舆论关切的话题，用人文关怀安抚了舆论情绪即最大限度回应了舆论关切。中国人民大学新闻学院副院长李彪认为，后真相时代民众往往根据自己的价值立场有选择地相信事实；"解惑"固然重要，但"解气"已超越"解惑"成为危机传播管理的第一价值取向。官方通报必须了解民众心目中的"痒点""痛点""气点"，直击民众心目中绷得最紧的那根弦，并在同一个价值层面回应民众的诉求，否则就是自说自话。

（四）官方通报要健全通报审核把关机制，避免不当发声

舆情处置是一个系统性工作，发布通报只是其中一个环节。因此，舆情处置中发布通报，必须建立严格的发布内容审核机制，既充分研判和论证有关事实及结论，又充分考虑舆论情绪、隐私保护、规范措辞等因素，集思广益、群策群力，将次生舆情风险降至最低。

第十一章 网络媒体的运行体制和管理模式

全媒体不断发展，出现了全程媒体、全息媒体、全员媒体、全效媒体，信息无处不在、无所不及、无人不用，导致舆论生态、媒体格局、传播方式发生深刻变化，新闻舆论工作面临新的挑战。我们要因势而谋、应势而动、顺势而为，加快推动媒体融合发展，使主流媒体具有强大的传播力、引导力、影响力、公信力，形成"网上网下同心圆"，使全体人民在理想信念、价值理念、道德观念上紧紧团结在一起，让正能量更强劲、主旋律更高昂。

2019年1月25日，习近平总书记在中共中央政治局第十二次集体学习时强调，推动媒体融合发展、建设全媒体成为我们面临的一项紧迫课题。

因此，推进深度融合、建设新型主流媒体，成为一道"必答题"，不仅是必须扛起来的使命要求，也是各大媒体转型生存发展的必由之路。

2020年9月，中共中央办公厅、国务院办公厅印发《关于加快推进媒体深度融合发展的意见》（以下简称《意见》）并发出通知，要求各地、各部门结合实际认真贯彻落实。《意见》明确了媒体深度融合发展的总体要求，强调要深刻认识全媒体时代推进这项工作的重要性、紧迫性，坚持正能量是总要求、管得住是硬道理、用得好是真本事，坚持正确方向，坚持一体发展，坚持移动优先，坚持

第十一章　网络媒体的运行体制和管理模式

科学布局，坚持改革创新，推动传统媒体和新兴媒体在体制机制、政策措施、流程管理、人才技术等方面加快融合步伐，尽快建成一批具有强大影响力和竞争力的新型主流媒体，逐步构建网上网下一体、内宣外宣联动的主流舆论格局，建立以内容建设为根本、先进技术为支撑、创新管理为保障的全媒体传播体系。

《意见》有效推动各大传统媒体融合转型发展，向互联网阵地转移。但是，随着信息科技和产业革命到来，移动端成为主要的传播介质，传统媒体面临着"用户失效"的危机。进入互联网战场，媒体发展路径有三大矛盾需要解决：一是互联网信息的汪洋大海与主流媒体传播力不足的矛盾；二是人民群众对权威信息的强烈需求与主流媒体不能满足其需求的矛盾；三是主流媒体内容生产能力强大与传播力不足的矛盾。[①]

基于此，各大主流媒体根据自身的实际情况和发展策略，在体制、内容、技术、人才等方面积极创新改革，重新以用户思维为导向，坚守媒体责任，创新传播渠道，努力提升自身的传播力和影响力。

[①] 摘自南方报业传媒集团（南方日报社）党委委员、副社长、副总编辑，南方+客户端总裁谭仕龙在中国记协"新媒体内容建设负责人培训班"的授课内容。

第一节　媒体融合转型路径

数字技术和移动互联网技术的飞速发展，让传播渠道无限扩展，媒体融合成为新闻传媒业发展的主要方向。各大主流媒体也纷纷投身在滚滚的时代浪潮中，创新改革，积极应对。经过数年来媒体融合转型发展，当前，主流新闻媒体机构转型路径呈现出体制机制市场化、传播平台去中心化、传播思维用户化、内容产品科技化、人才队伍多元化的特点。

一、体制机制市场化

传统媒体的组织结构条块分明，部门架构功能、薪资结构考核则简洁明了；而在新闻报道的流程上，采用层层审批的模式，采编及报道程序都相对繁杂。这种制度结构，难以在媒体融合发展过程中适用。

推进媒体融合，需要在组织结构方面打破部门界限，改变垂直的业务体系、单向层级的运作流程，建立企业制度下的扁平化组织结构，实行不同介质媒体管理制度一体化。所属纸媒、网站和移动媒体采用"一套领导班子、一套记者队伍、一套生产流程、一套考核体系"，精简组织层级。建立与不同传播介质不同岗位相对应的"全员覆盖、任务分解、量化考核"的全媒体标准考评体系，集中全部力量调配可用资源，充分发挥担当不同职责的人才的优势。

二、传播平台去中心化

"传统媒体失势的根源在于传统渠道的'终端'或'失灵'，破局解决渠道失灵成为进行互联网转型的第一要务。"[1]在传统媒体转型过程中，主流媒

---

[1] 喻国明：《解决渠道失灵是传统媒体的当务之急》，《青年记者》，2015年第18期。

体近年来在渠道拓展方面进行了各种尝试，以人工智能技术、大数据等新兴技术，拓宽内容分发渠道，同时积极组建自身发布平台，基于此，主流媒体整体的传播平台呈现去中心化的趋势。

当前，主流媒体的传播平台多为"1+N"或"2+N"的模式。"1+N"模式为一个客户端，多个版权合作的三方平台，例如上海报业集团的澎湃新闻；"2+N"模式为一个客户端、一张报纸，以及多个版权合作的三方平台，如四川日报报业集团的川观新闻和封面新闻、重庆日报报业集团的上游新闻、南方报业传媒集团的南方+等。

因此，在融合实践过程中，很多主流媒体都选择采用一次采集、多元发布、多平台传播的模式，全媒体记者将新闻素材采访回来之后，根据新闻属性及素材内容，可制作成图文、短视频、竖版小视频、互动问答、创意长图、交互H5等多种多样的形式，除了在自有平台发布，也会根据三方平台的性质进行内容分发，主要平台有微博、微信、抖音、快手、视频号、今日头条、新浪新闻、网易新闻、百度新闻、知乎等，在最大范围内分发，以提升内容的传播量，提升媒体的品牌影响力。

三、传播思维用户化

就目前的内容生产市场来看，主流媒体的新闻专业化程度、内容的优质真实性及制作团队的精良和稳定性，都是商业资讯平台、自媒体等所无法比拟的，这使得主流媒体在内容生产市场上占据了一定优势。但是，在对受众视野的抢夺上，未转型前的主流媒体并不占据优势。当前，国内仍有部分传统媒体不具备足够的能力和实力去搭建能够覆盖所有传播形态的渠道，面对用户的多样化需求，主流媒体需要根据自身的媒体属性和特长，依托自身资源或平台资源，寻找能够契合用户需求的点位发力。与此同时，在信息传播领域，也在不断拓展产品形态，以期更加符合用户需求。

当下主流媒体所搭建的资讯类客户端也普遍存在一种趋势，其功能和作用都不止于提供新闻，而是更加贴近"用户"并非"受众"，与只接受资讯信息的"受众"相比，"用户"对产品的消费不局限于信息传播领域，他们对新闻客户端的使用不只是信息接收，还有购物、学习、缴费等。在信息爆炸的新媒体空间中，传统媒体新闻客户端单纯依靠信息传播主业吸纳、留存用户的空间已越来越小。

四、内容产品科技化

随着信息技术在媒体中的应用越来越深入，新闻报道也发生着巨大的变化，其中，产品的技术性和创新度成为检验媒体融合发展成果的一大标准。主流媒体要想获得更多用户的关注，就需不断升级内容产品的形态，以创新、出彩的内容新技术产品提升传播度。因此，在媒体转型融合过程中，内容产品科技化成为一大特征。

目前，纵观各大主流媒体的内容产品，容纳各式各样的产品新形态，包括且不限于直播、短视频、H5、AR、VR、XR、动漫、定格动画等。与此同时，大数据、云计算、智能识别技术、机器深度学习等各种智能技术也不断地融入内容产品中，使内容产品更加多元，更加具备科技感，有效提升了用户感知度、沉浸感和交互体验。

五、人才队伍多元化

媒体融合发展持续推进，目前到了媒体融合发展"后半场"——资本和人才之争的阶段。尤其是人才之争，极大程度上影响着主流媒体融合发展的成效。

在传统媒体时代，人才需求相对单一，记者、编辑、广告、发行等四类人才基本可覆盖所有的人才类型，但智媒时代对人才队伍的需求更加多元。以四川日报报业集团封面传媒为例,该单位的岗位设置已从传统媒体时代的记者、编辑、摄影、校对等 20 多种,增加到新媒体时代包括数据研究、技术开发、运维保障、解决方案、应用产品、体验设计等类别,包括全栈架构师、NLP 算法专家、大数据数仓工程师、资深图像算法工程师、AI 产品经理、基础架构师、全栈工程师、解决方案专家等近 150 种。岗位设置的变化,体现出传媒产业对员工能力要求的变化。新闻单位的人才需求从以往的文科为主,转变为既要有懂技术的内容人才,又要有懂内容的技术人才。

第二节 媒体融合中的体制创新

党的十八大以来,习近平总书记就媒体融合发展多次发表重要讲话,强调尽快从相"加"阶段迈向相"融"阶段,推动传统媒体和新兴媒体在内容、渠道、平台、经营、管理等方面的深度融合。对传统媒体来说,拥抱新时代,加快媒体深度融合是一场关系生存发展的全方位创新、全局性变革。对于如何进行媒体融合,中央全面深化改革委员会第五次会议通过的《关于加强县级融媒体中心建设的意见》给出了明确建议:要深化机构、人事、财政、薪酬等方面改革。

早在 2018 年,央视媒体就率先进行了体制改革。根据《深化党和国家机构改革方案》,中央电视台(中国国际电视台)、中央人民广播电台、中国国际广播电台整合组建为中央广播电视总台,作为国务院直属事业单位,归口中宣部领导。对内保留原呼号,对外统一呼号为"中国之声"。

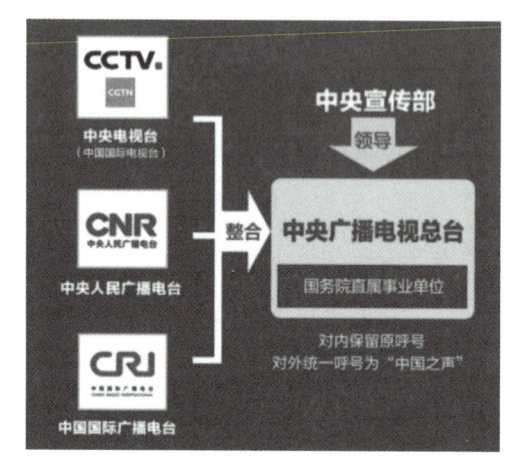

三台合一组建中央广播电视总台

此次组建，通过打造"三合一"的新兴平台，推动广播电视媒体、新兴媒体融合发展，这种一元化的管理体制，使我国传统媒体转型克服体制束缚向前迈出了一大步。自此，从中央到省级出台了各种决策，贯彻落实中央关于媒体融合的政策要求，并从机制体制上对我国传统媒体内部进行革新。

自2020年《关于加快推进媒体深度融合发展的意见》提出完善四级融合发展布局的要求后，我国媒体融合在纵向贯通与横向联动的双重路径下不断创新，逐步向现代传播体系迈进。地市级媒体融合成为继县级融媒体中心建设后媒体融合纵深化发展的重要方向，"报业＋广电"模式成为纵向贯通的关键纽带。据公开资料，截至2021年底，全国已有超过40个地级市进行了"报业＋广电"融合尝试，2021年全年近10个地级市成立了地市级融媒体中心，目前发展步伐较快的有湖州、绍兴、芜湖、汕头、大连等地市。其中，湖州市新闻传媒中心2021年进行了"数智传媒"改革，通过数据驱动打造生产传播、便民惠企、社会治理与智慧商务等多元平台。[①]绍兴市新闻传媒中心在机构融通的基础上，发力组织体系调整，打破员工身份限制，创新激励奖励制度，提升

---

① 陈建良：《以"数智传媒"建设撬动湖州传媒"深度融合"》，《传媒评论》，2021年第11期。

产业跨界水平，2020年实现营收4.04亿元。与此同时，2022年1月初，甘肃省召开媒体深度融合发展推进会，要求2022年3月底前全省完成市级融媒体中心整合和挂牌。地市级媒体融合的政策驱动力量逐渐增强，并将在政策扶持、技术赋能与自主创新等多重激励下持续强化。

媒体融合纵深化布局的横向联动路径主要包括两个方面。一是设立区域运营中心。2021年，中央广播电视总台大力推进地方总站建设，澎湃新闻面向全国设立区域运营中心，浙江天目新闻成立长三角、京津冀、粤港澳新闻中心。主流媒体通过搭建区域全媒体传播体系，能够充分拓展新闻资源空间与产业经营范围，谋求媒体融合高质量发展。2021年，由国家广电总局指导并批准成立的7家国家级广播电视媒体融合发展创新中心签署战略合作协议，通过资源协同、技术创新、产业协作等模式推进媒体融合、融通联动的生态体系建设。

二是跨地域合作模式。2021年，"京津冀之声"开播，围绕京津冀协同发展国家战略进行资源共享与内容协同；"长三角之声"广播联合江苏省13个地级市广电机构，共同成立长三角融媒协作组织沪苏平台；浙江日报报业集团成立"融媒共享联盟"，构建省域内联动的融合传播体系；封面新闻则以立足四川、辐射西南、走向全国为规划，建成了一总部三中心的区域战略新格局……我们看到，跨地域合作模式大部分是以资源共享、阵地共建、内容共制、合作共赢为基本模式，但未来如何构建可持续、深度化的协作机制，还需要克服地域、人才、技术、组织、政策等方面的诸多障碍。

第三节　媒体融合中的技术驱动

党的十九大报告指出，高度重视传播手段建设和创新，提高新闻舆论传播力、引导力、影响力、公信力。

纵观世界传媒发展史，传媒业的变革都是建立在技术革新的基础上，其中通信技术的进步，对传媒发展促进作用尤为明显。从传统报纸的铅与纸，到电视媒体的电与光，再到互联网时代的数与网，都给媒体生态带来了翻天覆地的改变。随着大数据、人工智能等新技术的飞速发展，数字新技术成为媒体转型发展的核心动能，受到广大媒体机构的高度重视。

当前，国内主流媒体纷纷选择拥抱新技术，以智能技术来驱动新时代下的媒体融合发展。

一、技术驱动媒体重塑生产流程

大数据、人工智能技术，被应用在媒体行业之后，对传统单线程的生产流程进行了变革性的重塑，由当前的媒体内容生产流程可以看到，从热点分析、线索获取到内容策划、采集，到内容生产、编辑、审核，再到内容发布、分发等，均有着非常强大的技术特性。

以《人民日报》为例，从成立新媒体中心到打造"中央厨房"，再到启动传播内容认知国家重点实验室建设，如今，"人民日报"从一份报纸变成了全媒体形态的"人民媒体方阵"。人民日报社的数字化转型、媒体融合探索、新型主流媒体建设，每一个阶段都是我国纸质媒体的重要代表。2018年开始，人民日报社已经明确将技术创新作为赋能主流价值引导的重要手段。2020年3月，时任人民日报社副总编辑许正中提到"以技术驱动为重点，拓展渠道、丰富手段、聚拢用户，推动形成适应互联网发展的全媒体发展布局"[1]这一观点。其中，《人民日报》"中央厨房"中的技术平台，承载了20余种技术产品体系，覆盖新闻线索采集、素材加工、效果评估等新闻生产全流程。

---

[1] 杨雅坤、唐铭：《技术驱动下主流媒体的转型升级》，《国际品牌观察》，2021年第24期。

第十一章　网络媒体的运行体制和管理模式

在省级主流媒体的转型发展中，以"智能技术"为特色的转型成功代表是封面新闻。2015年10月28日，脱胎于《华西都市报》，四川封面传媒有限责任公司正式成立，在成立之初，就确立了"技术驱动"的地位，第一名员工就是程序员。当前，已有200多人的技术团队，自研封巢智能发布系统，研发机器写作及主流媒体算法。如今，经过多年的发展，技术已经密切融入封面新闻的"策采编审发考"等内容生产全流程中。其中，封面新闻自研的智媒审核云系统，集智能学习、智慧审校、智效赋能"三智"合一，覆盖多媒体全内容审核，可实现内容差错、政治差错全流程、无感式一键校对、全天候、多维度保障内容生产发布全链条。

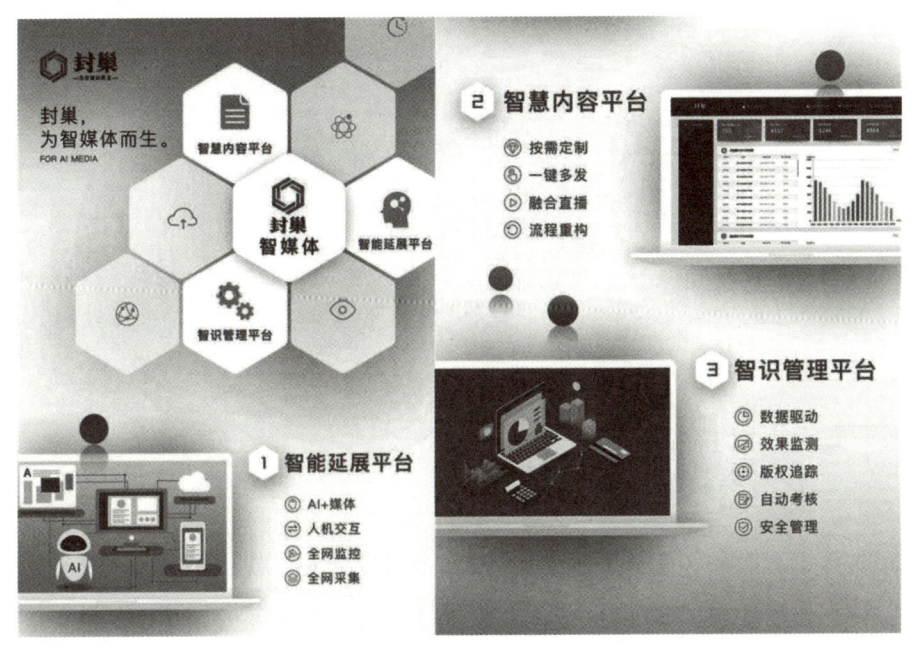

封巢智能发布系统

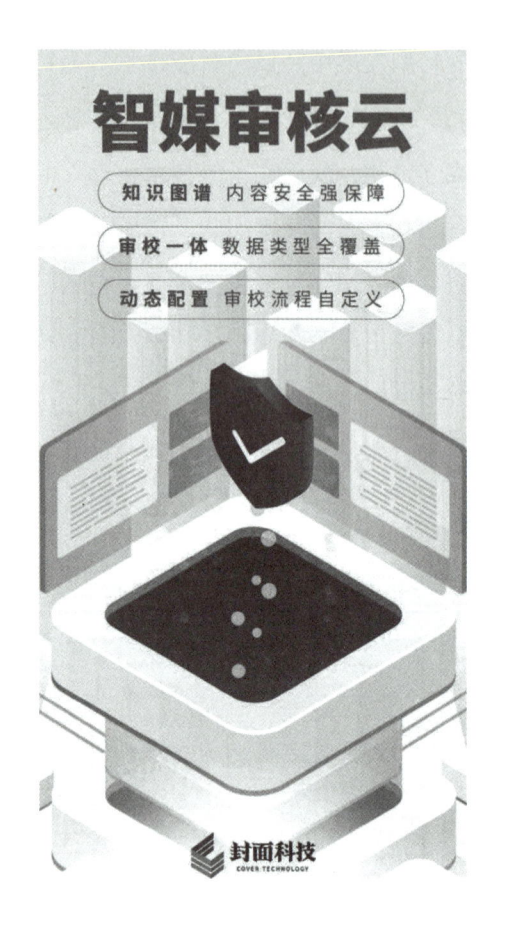

智媒审核云系统

二、技术驱动媒体拓展传播渠道

传播渠道的扩展是媒体融合发展的外在体现，也是媒体融合不断推进的内在要求，媒体渠道扩展与融合的模式、形态、发展程度在一定程度上已经成为评判媒体融合发展水平的重要标准。

在移动传播技术兴起之后，信息渠道的传播从 PC 端转向了移动端，涌现出以今日头条为代表的移动聚合型信息平台。为抢占用户市场，各大主流媒体也开始搭建自己的移动客户端，另外，微博、微信、抖音、快手等具备社交属性的平台也成为信息传播的主要渠道。

如今，随着智能化技术突飞猛进的发展，媒体的传播渠道依旧在不断拓展，有业界学者认为，"基于VR（虚拟现实技术）的平台将很快成为下一代新闻入口，面对技术驱动下入口快速更替的可能性，媒体如何应对是值得进一步关注的问题"[1]。这一观点被传媒业认可，各大媒体纷纷入局"元宇宙"，开始提前布局。

另外，智能化的家居设备、穿戴设备、智能汽车等，也是目前媒体拓展传播渠道的一大方向。2021年6月，新浪新闻已率先入驻华为鸿蒙系统，华为正式面向手机、平板等用户发布新一代智能终端操作系统HarmonyOS 2。2022年，搜狐新闻与比亚迪达成合作，发布汽车版本"搜狐新闻客户端"，自2022年6月22日起，汽车版本"搜狐新闻客户端"正式上线比亚迪商店，支持比亚迪所有智能车机系统，车主在线下载后即可享受新闻"AI视听"体验。

三、技术驱动传媒产业转型升级

新兴技术带来的不仅是内容生产环节及内容传播环节的变革，大数据、人工智能、云计算等智能媒体技术对整个传媒产业的转型升级发挥着巨大的驱动作用，并已得到了实际的检验。有着技术研发能力的传媒产业，已经可以将自身的技术能力及技术产品输出，实现产业升级。

2021年6月，四川封面传媒科技有限公司正式成立，由封面传媒联合中国互联网投资基金、四川文化产业股权投资基金共同出资成立。四川封面传媒科技有限公司的成立，就是封面传媒以技术驱动产业转型升级的成果，致力于以智能科技为驱动，通过"科技+资本+产业"三环联动，围绕经济、社会、政府、企业的数字化转型需要，提供泛内容、泛文化、泛媒介、泛传播的创新科

---

[1] 余婷、陈实：《从"互动"到"卷入"——新闻入口移动社交化背景下美国媒体社交团队发展趋势探析》，《新闻记者》，2016年第4期。

技产品和一体化解决方案。从技术输出的数据来看，目前封面传媒在全国范围内技术服务输出项目已达百余个。

除了封面传媒，全国多家传媒集团都在以技术为切口进行产业升级。以浙江日报报业集团为例，仅自主研发并使用中的融媒体智能传播服务平台"天目云"，已经服务于浙江省内外的市级、县级融媒体中心，以及政府、企业、高校等100余家单位，每年能带来2000万元营收。而汇集浙报集团各类技术力量的集合体"浙报数智"，每年营收高达6亿元。重庆华龙网集团自2014年起，便为重庆39个区县建设党政客户端，过去几年更是陆续承建了重庆市政府集约化平台、渝快办、渝康码等重大项目，为200多家客户提供技术服务。

第四节　媒体融合中的内容转型

智能技术的发展使得新闻采编工作的外部环境和内部环境都发生了巨大的变化。在日常新闻报道尤其是重大主题报道中，智能技术的应用给新闻报道带来了全新的改变，内容形态持续变革。

随着人工智能技术、爬虫技术在媒体生产当中的应用，天气信息、地震信息、股市动态、比赛信息等模式固定的内容，已完全可以由机器写作、机器自发布，而其他需要人工参与的内容形态，随着技术的融入及内容发布平台的升级，呈现方式也更为丰富，受众的参与度、沉浸感也越来越高。媒体融合转型过程中，内容逐渐向可视化、交互性、服务性、年轻态转型，而具备此类性质的内容产品，才能得到现象级的传播。

第十一章　网络媒体的运行体制和管理模式

一、可视化

2017年左右，多信道直播系统、VR全景现场新闻、无人机航拍报道等新技术开始应用在新闻内容报道中，至此，用户对内容的可视化需求越来越高。目前，综合运用图文、图表、动漫、视频、海报等多种形式视觉作品，已成为人们获取信息的主要方式，内容传播从可读向可视，从一维向多维转型。

2017年两会期间，新华网开设了VR栏目，尝试了各种形式的VR视频报道全国两会。以《直击部长通道，7位部长回应民生关切》视频为例，VR带来的全景式沉浸式体验让观众有身临其境的感觉，通过拖拉屏幕，观众可以实现对会场大厅360°的观察，观察新闻事件的视点不再依附于媒体的报道，用户可以身临其境般从自己感兴趣的角度观察。

但在当时，受技术限制，VR新闻普及率较低。视频、直播则成为新闻报道的标配，尤其是抖音、快手等社交平台兴起之后，以视频看新闻，已经成为大家了解新闻内容的主要渠道和方式。

近两年，随着AI、大数据、物联网的发展，资讯向三维可视化方向转变的趋势愈加明显。媒体对内容的呈现更加注重视觉的沉浸感，在向三维重建、XR方向布局。在第十七届中国文博会上，封面传媒运用数字化技术3D精细化建模，全息投影360°重建的数字文物三星堆"青铜纵目面具"正式亮相，全方位展示古蜀文明的神秘。

二、交互性

在传统媒体时代，信息的传播是单向性的，用户只能被动接受。在智媒时代，用户不再是被动的信息接收者，而是可以亲自参与生成内容，"置身其中"，成为传播链条中的一环，与媒体共同完成传播行为。

以获得第二十八届中国新闻奖媒体融合奖一等奖的作品《快看呐！这是我

的军装照》为例，该 H5 作品是在庆祝建军 90 周年之际，《人民日报》客户端借助人脸识别、融合成像等技术制作而成的，用户上传自己的头像，就可一键生成专属于自己的"军装照"，展示自己对党和国家、人民军队的拥护和热爱。该作品全网浏览量超过 11 亿次。

分析作品可以发现，"军装照" H5 的设计从一开始就激励用户成为主动传播者，让用户自主、自愿分享"军装照"，获得参与感、认同感和归属感。虽然有初始发布途径，但"军装照" H5 最后的传播奇迹完全依赖于产品本身，依赖人与人之间的传播。

智媒时代，新技术、新应用、新形式的诞生，使得读者成为用户，可以和新闻产品进行即时互动，参与到产品的生产、传播过程中来。在传统媒体时代，新闻信息传递给受众，其效果就达成了，传播也基本结束，二次传播、三次传播的概率存在，但很低。而智媒时代，新闻信息传递给受众，传播才刚刚开始。真正成功的传播会在受众间不断扩散，实现"裂变式传播"。

近年来，也涌现出了不少内容形式创新、互动性强的内容产品。如新华社客户端在 2018 年推出的《AR 新闻｜天地工程》，将一枚运载火箭发射场搬到了任意平面上，用户可通过点击发射按钮，感受火箭升空过程。又如 2022 年封面新闻推出的"大国工程我来建"新闻游戏，采用 3D 建模等新技术，精挑细选我国 7 个最具代表性的大国工程，让用户通过时下流行的乐高式拼图玩法，亲身参与大国工程建设。

三、服务性

媒体作为社会公器，在日常运行过程中不仅承担了做好报道工作的本质职能，其实也在发挥服务的职能，通过自身的传播力、影响力和公信力，作为"中台"无缝连接受众的需求与政企资源。

随着信息技术和互联网技术的飞速发展，媒体的服务范围和服务链条越来

第十一章 网络媒体的运行体制和管理模式

越广，尤其近年来，在纷繁复杂的疫情环境中，媒体的服务性更加凸显。主流媒体纷纷推出抗疫服务平台、疫情查询平台、救援互助通道、云上课堂、云求职、云求助等服务内容。

2022年3月，上海暴发疫情。上海本地媒体在及时刊发疫情防控相关新闻报道外，主动投身抗疫服务，从搜集信息、畅通渠道、推进处置等方面发挥媒体服务的职能，让前方和后方对接更顺畅、更高效。

澎湃新闻推出"战疫服务平台"，覆盖权威发布、求助问询、就医指南、物资保供、辟谣、心理咨询等功能，几乎囊括了疫情防控期间市民的主要需求。同时，澎湃新闻还联合腾讯健康推出"上海三级医院停开诊地图"小程序，为用户提供附近医院科室停诊、开诊、恢复等信息。

除了疫情服务，主流媒体也常年开通求助、投诉通道，解群众的燃眉之急。以封面新闻的"云求助"栏目为例。2021年12月，因店招中含有"青花椒"字样，四川省数十家餐馆被上海某公司起诉侵权并被索赔。接到云求助线索后，经过记者持续追踪报道，原告方董事长公开向被诉商家和公众道歉并宣布全部撤诉。2022年1月13日，"青花椒"案作为典型案例写入四川省高院2021年工作报告。该案同时被写入2022年全国两会最高法工作报告，最高法表示将确定权利边界。

封面新闻"云求助"平台

四、年轻态

中国互联网络信息中心（CNNIC）发布的第 52 次《中国互联网络发展状况统计报告》显示，截至 2023 年 6 月，我国网民规模为 10.79 亿；其中，10～49 岁网民占比为 66.4%，占比远高于其他年龄段。因此，年轻态是如今信息传播必须要考虑的因素。

年轻态，一方面体现为创新创意，表达新、形式新，带给用户不一样的体验，先觉得"有意思"，才会感到"有意义"；另一方面，则表现为对年轻人行为特征、互动心理的敏锐感知，及时发现潮流动态，面对新现象、新趋势，能够及时赶到，巧妙结合，有效借势，在最有活力、最受欢迎的地方，不缺席、不落伍。[1]

以中央广播电视总台的《新闻联播》为例，2019 年 7 月 29 日，《新闻联播》推出了"主播说联播"栏目，以全新的活泼的方式，通过"竖版小视频"，以移动互联网用户最熟悉的语言对新闻联播的内容进行二次加工播报。主播不再是正襟危坐，可以站着，也可以坐着，可以皱眉、叹气，也可以笑着说，内容也紧跟潮流，"老铁们"等流行语更是顺手拈来。

当年轻人熟悉的网络语言与最有价值的信息精妙结合，《新闻联播》一改过去严肃、高冷的姿态，官话民说、硬话软说的效果瞬间拉近了和年轻人的距离，碎片化、网络化的传播受到了年轻网友的追捧。在年轻人的圈子里，《新闻联播》也有了新的名字——"皮皮央"，皮中带着严肃，官方权威吐槽，让年轻人也有了与国共振的频率。

事实上，不仅《新闻联播》的新媒体矩阵一改传统作风，《人民日报》、新华社等全国各大主流媒体也都在自身优质资源的基础上创新了新闻形态。比

---

[1] 摘自人民日报社新媒体中心主任丁伟在中国记协"新媒体内容建设负责人培训班"的授课内容。

如，新华社着力打造的轻量化、易传播、接地气的"国家相册"微纪录片栏目已连续推出三季，采用了平民化的叙述方式，使内容形态更加真实、生动、温暖，也更容易引起年轻用户的共情。

第五节 媒体融合中的人才保障

习近平总书记强调指出，媒体竞争的关键是人才竞争，媒体优势的核心是人才优势。随着5G、大数据、人工智能等新兴技术的日渐成熟，媒体工作开始向智能化转变，多个工作环节和工作岗位都与技术紧密相连，传媒人才需求发生了巨大的转变。传统媒体人员流失严重，存量人才如何进行技能升级、思维转变，如何吸引优秀人才、保证人才增量，都是主流媒体在融合转型发展过程中所面临的问题。

一、传媒产业亟须复合型人才及传媒科技人才

智媒体是基于人工智能、移动互联网、大数据、虚拟现实等新技术的生态系统，以用户为中心，以满足用户需求为目的，进行智能化的信息采集、信息加工、信息分发的新闻生产模式。因此，智媒时代的传媒工作者必须掌握适合当下传媒业的新技能和新方法。

当前传媒产业亟须复合型人才和传媒科技人才。

（一）会写稿、能直播，更要懂运营

在媒体传播平台日益多样化、受众需求日益个性化、信息接收日益移动化、传播失效日益即时化的当下，一篇新闻稿能不能得到网民关注，能不能引发阅读兴趣，不仅和内容相关，更与标题、传播渠道、传播方式紧密相关。媒

体从业者需要掌握多项技能也是大势所趋。

首先，作为记者不仅仅能写稿，还要能拍视频、剪视频、出镜直播等，在面对突发新闻时才能从容应对。与此同时，还要了解当下网络热点、网友的关注点，才能在采集内容时更好地抓角度，选择内容，为后方内容编辑和内容运营提供有效素材。

其次，记者采集回内容后，就需要由内容运营人员判断，什么样的内容适合在什么平台发布。目前，几乎所有的主流媒体除自身的客户端、报纸外，都有微博、微信、抖音、快手、哔哩哔哩等平台账号，那么，某个新闻内容适合以什么样的形式在哪个平台发布，什么样的内容角度能够触及平台受众的关注点，是内容运营人员需要考量及分配的。

再次，在内容编辑阶段，需要判断用户喜欢什么样的表达风格；标题多少字才适合阅读，在朋友圈转发才能显示完整；推送的内容在各品牌、各版本的手机上的适配情况，是否会掉字或显示不全；在什么时间段发布用户点击量最高；什么样的内容适合做 H5 互动；什么样的内容需要做海报；什么样的内容需要制图，以可视化的方式辅助传播……这些都是新媒体编辑需要掌握的。

（二）会技术，但更要懂传媒

传统媒体时代，信息采集、信息生成都需要人工完成，但在智媒时代，基于爬虫技术及人工智能技术，可以直接进行内容的抓取及其写作，语义识别及智能分发技术可以直接识别内容并智能化分发，大数据也可追踪和分析内容传播的各种指标，因此，传媒产业对技术人才的需求非常强烈。

但是，只是单纯懂技术并不能适应媒体产业，在开发适合传媒业使用的技术产品时，需要深入理解媒体的运行规律、工作逻辑、发稿习惯、纪律要求等。这样才能有效辅助内容生产和内容传播。如封面新闻在开发封巢智能发布系统时，内容编辑团队就深度介入了系统的搭建，从前期规划、板块设计到功能需求、按钮位置摆放等，全部依据记者、编辑的使用习惯来设置，同时结合产品经理及技术开发团队的产品设计、技术能力,才达到了相对完美的使用效果。

二、常态化培训存量人才,创新机制吸引增量人才

近年来,随着新媒体、自媒体的成长发展,尤其是商业信息平台的发展,传统媒体人才流失十分严重。一方面是传统媒体人才离职创业,自己做新媒体;另一方面则是商业平台凭借优厚的待遇和成长空间抢走了人才。那么,主流媒体就要用好存量人才、吸引增量人才。

(一)常态化培训,提升存量人才视野

其实,传统主流媒体本身已具有一批专业素质优秀、综合能力强的专业传媒人才,这部分人才从业经验丰富,政治思想素质较高。对这部分人才来说,要通过常态化的培训使其成为复合型人才。

首先,加强技能培训。主流媒体需要通过日常培训,使全员掌握基本的视频拍摄、剪辑、制作及直播等多种技能。

其次,通过定期内部分享、外部邀请师资培训的方式,提升人员的智媒体素养。员工不仅要对内部的内容产品、技术能力有所了解,更要具备全国甚至全球视野,了解全国媒体市场的发展状况、其他媒体的优劣势,提升自己的视野。

最后,对于这部分优秀的传媒人才,媒体需要创新人才使用机制,消减同一媒体内的用工类别,真正做到同工同酬。在职称评定、职务晋升、社保福利等方面,降低有编制与无编制、"正式工"与"合同工"之间的差别,激发人才活力,用好存量人才。

(二)灵活人才引进机制,改革激励机制

大多数主流媒体都是事业单位,在人员招聘制度上有着非常严格的报批机制,凡招必报,凡进必考,一般的招聘频率为每年 1～2 次,每次周期近 1 个

月。但互联网人才的市场规律是"快进快出",与传统媒体的招聘体制有巨大的差别。因此对传媒产业来说,产品技术类、运营类的互联网人才难以招聘到。另外,互联网产品技术人才的流动性非常强,一旦对个人待遇不满意或与职业规划不符,一般两三年就会跳槽,并且薪资也通常会通过一次次跳槽上涨。招聘体制、薪资待遇等对主流媒体人才引进来说,是一项巨大的挑战。

因此,主流媒体必须创新人才引进和激励机制,如实行年薪制、项目制等,要允许贡献突出的优秀人才获得与其贡献相当的报酬。这一点需要媒体本身的积极探索和大胆改革,也需要政策指引和顶层设计。

2020年,人民网宣布将718.28万股限制性股票用于骨干员工的股权激励,以激励和调动骨干员工的积极性,吸引和留住关键人才,首批拟授予的激励对象总人数为259人。人民网这一激励措施,为更多主流媒体提供借鉴和指引。

(三)强化校企合作,定向培养新媒体人才

当前主流媒体正加速向智能化转变,媒体生产过程深刻变革,传统新闻工作者被赋予了更多角色和职能。为适应"内容+技术+运营"型复合人才的新需求,国内不少主流媒体持续强化与高校进行定制化的专项人才培养。

作为国家级文化和科技融合示范基地的封面传媒,就以新兴技术为依托,结合媒体融合实践,探索智媒科技与教育创新相融合的全新技术系统和综合服务体系,并不断打造智媒科技人才培养高地、研发型生产高地的产教融合示范平台。

如在技术应用方面,封面传媒已完成智媒产教云系统研发上线,覆盖融媒生产、内容发布、多元传播等智媒技术应用与研发等全场景。在课程培训方面,已初步完成智媒+课程体系,涵盖"新文科""新工科"试点建设及融合学科教学需求,并积极参与四川省网信人才培养基地·四川互联网学院建设。

第十一章　网络媒体的运行体制和管理模式

在对外合作方面，封面新闻与北京师范大学、四川大学、中国传媒大学、电子科技大学形成广泛合作，共建封面研究院、封面智库、融媒实验室，强化融媒人才的定向培养。

参考文献

白红义，曹诗语，陈斌.2020年虚假新闻研究报告［J］.新闻记者，2021（1）.

白莉娜.浅析大数据时代数据新闻的创新发展路径［J］.传媒，2022（13）.

曹庆晖.数字展览资源（2010—2019）与中国现代艺术研究动向［J］.美术，2020（6）.

陈贝贝.主流媒体短视频新闻的新型叙事——以人民日报抖音号为例［J］.新媒体研究，2020（10）.

陈建良.以"数智传媒"建设撬动湖州传媒"深度融合"［J］.传媒评论，2021（11）.

池骋.放大［M］.北京：中信出版集团，2020.

崔燃.从全场景可视化新闻到数字文化产业［J］.传媒，2021（24）.

邓小平.邓小平文选：第2卷［M］.北京：人民出版社，1994.

邓小平.邓小平文选：第3卷［M］.北京：人民出版社，1993.

杜尚泽.习近平在党的新闻舆论工作座谈会上强调：坚持正确方向创新方法手段 提高新闻舆论传播力引导力［N］.人民日报，2016-02-20.

段赛民.如何有效处置网络舆情［M］.北京：人民日报出版社，2022.

冯雨阳.用数据讲故事：视频类数据新闻可视化叙事研究——以澎湃新闻"美数课"为例［J］.新闻世界，2021（11）.

付东晗，胡杰.媒体融合路径的多重面向与转型困境［J］.新闻知识，2020（3）.

付逸杰.都市报媒体如何做好MG动画——以扬子晚报《扬眼画事》栏目为例［J］.城市党报研究，2022（6）.

傅玥．新媒体编辑能力拓展及应用探析［J］．传播力研究，2019（36）．

高钢．怎样为网络媒体写新闻——网络新闻写作特殊规律的探讨［J］．新闻战线，2004（4）．

高琰鑫．新闻短视频的严肃性瓦解及应对［J］．青年记者，2021（22）．

耿磊．机器人写稿的现状与前景［J］．新闻战线，2018（1）．

胡佩知．人民日报抖音号的情感传播研究［J］．新媒体研究，2020（21）．

胡正荣，黄楚新，吴信训．中国新媒体发展报告（2022）［M］．北京：社会科学文献出版社，2022．

黄睿思，那其灼．融媒视域下重大主题短视频的创意策略与传播特色［J］．中国广播电视学刊，2022（6）．

黄晓新，刘建华，卢剑锋．中国报业融合创新现状、问题与趋势［J］．传媒，2018（8）．

纪善勤．博物馆文物的数字化展览［J］．文物鉴定与鉴赏，2022（6）．

纪元元，王思宇，刘越．VR全景影像技术在短片拍摄中的应用［J］．信息记录材料，2020（2）．

江泽民．江泽民文选：第1卷［M］．北京：人民出版社，2006．

金晨．XR技术打开生活新"视"界［J］．中国报业，2021（11）．

赖胜强，唐雪梅，张旭辉．政府部门网络舆情回应能力的构建［J］．电子政务，2017（7）．

李彪．危机语境下政府通报文本的传播修辞与话语生产——基于44个引发次生舆情的"情况通报"的多元分析［J］．新闻与传播研究，2019（4）．

李春梅，王婉莹．主流新闻媒体的年轻化表达策略研究——以《新闻联播》为例［J］．传媒，2021（10）．

李鑫．爆款视频内容的生产逻辑［J］．新闻战线，2022（4）．

李彦宏．主流媒体入局短视频新闻的策略分析［J］．报林，2022（2）．

列宁．列宁全集：第 12 卷 [M]．北京：人民出版社，1987．

列宁．列宁全集：第 5 卷 [M]．北京：人民出版社，1986．

刘锋．从世界数字大脑形成看元宇宙未来趋势 [J]．科学新闻，2021（6）．

刘明华，徐泓，张征．新闻写作教程 [M]．北京：中国人民大学出版社，2002．

芦珊．网络舆情监测与研判 [M]．北京：人民邮电出版社，2021．

罗昕．突发公共事件网络舆情的传播与治理 [M]．广州：暨南大学出版社，2020．

吕尚彬，贾军．从迁移到重构：2005—2015 年报业组织结构转型研究综述 [J]．中国出版，2016（13）．

马克思恩格斯文集：第 8 卷 [M]．中共中央马克思恩格斯列宁斯大林著作编译局，编译．北京：人民出版社，2009．

毛泽东．毛泽东选集：第 4 卷 [M]．北京：人民出版社，1991．

彭兰．网络传播概论：第 4 版 [M]．北京：中国人民大学出版社，2017．

齐中祥．与领导干部谈舆情应对 [M]．北京：中共中央党校出版社，2021．

秦承玉．网络新媒体时代新闻传播的特点与发展策略 [J]．西部广播电视，2018（13）．

谭寅子．虚拟现实技术在传媒行业的应用与发展 [J]．中国传媒科技，2021（10）．

汤天峰．"境外势力"渗透型群体性事件预防处置对策研究 [J]．学理论，2017（10）．

唐佳雯．新媒体时代网络新闻标题创新策略——以《人民日报》、新华网微信公众号为例 [J]．声屏世界，2021（22）．

唐绪军，黄楚新，吴信训．中国新媒体发展报告（2020）[M]．北京：社会科学文献出版社，2020.

唐绪军，吴信训，黄楚新．中国新媒体发展报告（2018）［M］．北京：社会科学文献出版社，2018.

汪萍，胡学钢，王荣荣，王乐．面向博物馆的XR+展览交互系统设计与实现［J］．安庆师范大学学报（自然科学版），2009（4）．

王彩萍．中国新闻发言人制度起源与发展［J］．人民公仆，2015（6）．

王芯蕊．技术逻辑下竖视频的叙事特征与美学范式［J］．中国新闻传播研究，2019（5）．

王雅贤．新闻短视频的基本要素和制作要点［J］．新闻与写作，2020（1）．

吴朝辉．网络新闻写作与报纸新闻写作的差异［J］．新媒体研究，2017（21）．

吴琼．新媒体语境下主流媒体微信公众号新闻标题特征研究——以人民日报、新华社、央视新闻为例［J］．新媒体研究，2021（2）．

吴书梅．航拍技术在新闻摄影中的实践运用［J］．新闻前哨，2021（12）．

习近平．论党的宣传思想工作［M］．北京：中央文献出版社，2020.

习近平．习近平谈治国理政：第1卷［M］．北京：外文出版社，2014.

习近平．习近平谈治国理政：第2卷［M］．北京：外文出版社，2017.

徐文静．浅析网络新闻的"标题党"现象［J］．重庆三峡学院学报，2009（1）．

许森．浅谈电视新闻中的剪辑技巧［J］．无线互联科技，2012（8）．

严三九．技术、生态、规范：媒体融合的关键要素［J］．人民论坛·学术前沿，2019（3）．

杨保军，李泓江．技术视野中的当代中国新闻生产方式变迁［J］．新闻爱好者，2018（8）．

杨晓玉．新媒体环境下的网络新闻写作技巧研究［J］．新闻研究导刊，2019（24）．

杨雅坤，唐铭．人民日报社：技术驱动下主流媒体的转型升级［J］．国际品牌观察，2021（24）．

叶皓．对温州高铁事故新闻发布的反思［J］．现代传播，2011（10）．

殷乐，高慧敏．传统媒体新闻短视频发展现状与传播态势［J］．当代传播，2018（6）．

余婷，陈实．从"互动"到"卷入"——新闻入口移动社交化背景下美国媒体社交团队发展趋势探析［J］．新闻记者，2016（4）．

喻国明，陈雪娇．元宇宙：未来媒体的集成模式［J］．编辑之友，2022（2）．

喻国明．解决渠道失灵是传统媒体的当务之急［J］．青年记者，2015（18）．

张晋升．新闻发言人手册［M］．北京：经济日报出版社，2015．

张丽．网络新闻标题与报纸新闻标题的比较研究［D］．济南：山东师范大学，2015．

中共中央文献研究室．十四大以来重要文献选编（上）［M］．北京：人民出版社，1996．

中共中央文献研究室．习近平关于社会主义文化建设论述摘编［M］．北京：中央文献出版社，2017．

中共中央宣传部．习近平总书记系列重要讲话读本［M］．北京：学习出版社，2016．

周嘉宾．网络新闻写作的问题及对策［J］．新闻前哨，2019（6）．

周立．媒体融合发展中人才机制体制创新融合思考［J］．新闻研究导刊，2020（4）．

周琪．网络流行语是否适合入新闻标题［J］．青年记者，2022（2）．

编后记

2023年，是媒体融合作为国家战略整体推进的第十年。

十年间，智媒体新物种出现，新的内容生产传播方式、新的内容形态、新的交互场景、新的传播载体、新的产业结构持续涌现，并不断革新，面对瞬息万变的网络传播环境，不论是媒体从业者，还是党政机关、企事业单位宣传人员、内容创作者，在实际的工作中都会有很多焦虑及困惑。

基于这样的状况，四川省委网信办发起了此次教材编撰项目，由封面传媒承接。作为由中国第一张都市报转型而来的互联网时代新型主流媒体，封面传媒诞生后，就在全国率先倡导建设"智能+智慧+智库"的智媒体。八年来，封面传媒瞄准融合转型的痛点难点，植根传媒生产应用新场景，重塑生产传播新流程，产出了一大批具有全国影响力的新闻作品，在舆论引导、内容生产、内容传播、内容科技等方面都具备全国领先的能力、优势。

本书的撰写者均是扎根网络传播一线的负责人、编辑、记者，其写作内容具备较强的实用性；中国社会科学院两位专家的加入，更让本书内容具备了理论高度。希望理论性与实践性兼具的本书，能够为党政机关、企事业单位及社会各界提供较有针对性的学习参考资料。

感谢四川省网络治理研究中心对封面传媒的信任以及在本书编纂过程中的指导，感谢中国社会科学院新闻与传播研究所黄楚新教授、叶俊教授对本书的大力支持，也感谢各位封面传媒的同仁为本书出版所做的辛勤工作，是大家的共同努力，才使得这本书能够顺利出版面世。

当然，如今信息技术、智媒科技发展飞速，每时每刻都有新的变化，就在本书的出版过程中，也有不少新技术、新形态、新载体涌现。本书内容还有很多不足，希望各位读者能多批评指正，封面传媒也会持续更新本书内容，以期为大家带来更为专业实用的帮助。

本书编委会

2023 年 12 月